车辆工程国家实验教学示范中心

汽车构造实验教程

主　编　罗　勇　兰光明
副主编　林　君　翟光涛

重庆大学出版社

内容提要

本书以重庆理工大学车辆工程国家级实验教学示范中心丰富的实训设备为支撑,注重实际操作,配以图解化操作步骤,便于学生理解和实际操作。本书主要讲述汽车构造类实验原理及操作方法。全书共分为5个章节,主要内容包括汽车实验实训常用工具、量具和设备,汽车构造认知实验,汽车发动机构造相关实验,汽车底盘结构分析实验,汽车电器设备及附属元件相关实验等。

本书可作为高等院校、中高职院校相关专业开展汽车结构认知与拆装实习实训的教材,也可作为相关工程技术人员和维修人员的参考用书。

图书在版编目(CIP)数据

汽车构造实验教程 / 罗勇,兰光明主编. -- 重庆:
重庆大学出版社,2023.8
车辆工程专业本科系列教材
ISBN 978-7-5689-4089-4

Ⅰ.①汽… Ⅱ.①罗…②兰… Ⅲ.①汽车—构造—
实验—高等学校—教材 Ⅳ.①U463-33

中国国家版本馆 CIP 数据核字(2023)第 140664 号

汽车构造实验教程
主 编 罗 勇 兰光明
副主编 林 君 翟光涛
策划编辑:杨粮菊
责任编辑:姜 凤 版式设计:杨粮菊
责任校对:谢 芳 责任印制:张 策
*
重庆大学出版社出版发行
出版人:陈晓阳
社址:重庆市沙坪坝区大学城西路 21 号
邮编:401331
电话:(023) 88617190 88617185(中小学)
传真:(023) 88617186 88617166
网址:http://www.cqup.com.cn
邮箱:fxk@ cqup.com.cn(营销中心)
全国新华书店经销
重庆新荟雅科技有限公司印刷
*
开本:787mm×1092mm 1/16 印张:9.5 字数:228 千
2023 年 8 月第 1 版 2023 年 8 月第 1 次印刷
印数:1—1 000
ISBN 978-7-5689-4089-4 定价:39.80 元

前言

　　"汽车构造类实验"是车辆相关专业本、专科学生重要的基础课程,可培养学生对车辆主要结构的认知及实验动手能力。本书内容包括汽车构造实验常用工具和设备的认识及使用、汽车典型构造认知、发动机构造实验、底盘构造实验、汽车电器相关实验等,涵盖了车辆的主要结构部件。本书注重理论与实操相结合,理论部分在尽量精练的同时注重保持体系的完整性,实操部分通过操作照片演示操作过程和提醒注意事项,图文并茂,便于理解。本书主要面向车辆工程本、专科学生的汽车构造与认知实验,可与汽车构造理论课配合,加深学生对汽车典型构造的认知与理解。

　　本书由重庆理工大学车辆工程学院罗勇、兰光明担任主编,林君、翟光涛担任副主编,参编人员包括重庆理工大学方川、黄琼、李鑫、李劲松、阳耀宇,重庆机电职业技术大学冯玲等。本书具体编写分工如下:罗勇、兰光明编写第3.1—3.3节等部分,林君编写第3.4节,方川编写第4.1、第4.2节,黄琼和李劲松编写第2章,翟光涛编写第4.4—4.6节,李鑫编写第5章,阳耀宇编写第1章,冯玲编写第4.3节。硕士研究生徐利吉、任淋、邓云霄、柳明生、陈国芳、申付涛等承担了大部分绘图、实操演示拍照等工作。本书在编写过程中得到重庆理工大学车辆工程学院全体师生的热心帮助,在此表示诚挚的感谢。

　　本书的编写和出版获得如下教研教改项目资助:重庆市高等教育教学改革研究项目"'新工科'建设背景下面向核心工程应用能力的车辆工程实验教学体系改革与实践"(项目编号171021);重庆市专业学位研究生教学案例库建

1

设项目"车辆测试与控制";重庆理工大学重大教学改革培育项目"'新工科'背景下面向核心工程应用能力的新能源与智能汽车教改班实验教学体系建设"(项目编号2017ZDJG09);重庆理工大学研究生教育教学改革研究项目"以核心工程能力培养为目标的车辆工程专业学位研究生实践教学体系建设与评价指标研究"(项目编号yjg2016206);重庆理工大学专业核心课程建设项目。

由于编者水平有限,书中疏漏及错误之处在所难免,恳请广大读者批评指正。

编　者

2022 年 10 月

目 录

第1章
汽车实验实训常用工具、量具和设备

在汽车构造类实验实训中,常需对车辆及其部件进行拆解、测量、装配等操作,需要用到许多工具、量具和设备。掌握汽车实验实训中常用工具、量具和设备的基础知识和使用方法,对我们在实验中正确选用工具、安全高效开展实验实训活动具有重要价值。要做到在实验实训中正确选用和使用相关工具、仪器和设备,需要做到以下几点:

①熟悉并掌握汽车构造类实验实训中常用的各类工具、量具和设备的功能和使用场景,能够根据实验实训过程的具体要求,正确选用工具、量具和设备;

②熟悉并掌握汽车构造类实验实训中常用的各类工具、量具和设备的使用操作方法,能够在实验实训过程中正确、有效操作,并确保操作过程的安全性;

③熟悉并掌握汽车构造类实验实训中常用的各类工具、量具和设备的维护保养方法和使用注意事项,在实验实训过程中不对其造成损坏,维持相关工具、量具和设备的良好使用状态;

④养成良好的工具、量具和设备使用习惯,使用前履行登记和借用手续,使用后清点数量、做好清洁、归还原处、妥善收纳,确保相关工具、量具和设备在使用前后不至于丢失或被随意放置。

本章将对汽车构造类实验实训中常用的工具、量具和设备的基本功能、使用方法、注意事项、操作习惯等进行介绍,为后续实验实训课程开展奠定基础。

1.1 汽车实验实训常用工具介绍

1.1.1 扳手的分类及使用方法

扳手是一种常见工具,主要用于螺栓、螺钉等拆装,在车辆拆装过程中经常需要用到扳手。根据不同的功能及用途,扳手可以分为许多种类,常见的扳手包括开口扳手、梅花扳手、套筒扳手、活动扳手、扭力扳手和专用扳手等类别。下面将对不同种类扳手的规格、特点、使用方法和使用注意事项等进行介绍,掌握这些知识将有助于我们在车辆拆装过程中正确选择并使用扳手。

1)开口扳手

开口扳手如图1.1.1所示,由中间握柄及两端用于卡住螺栓或螺母的开口组成,也有只有一端有开口的开口扳手。开口扳手常用于标准规格螺栓、螺母的拧紧或拧松,因而其开口大小根据标准规格的螺栓或螺母的尺寸而定。由于标准规格螺栓或螺母的大小有多种,而开口扳手开口大小是不能调节的,为适应不同大小规格的螺栓或螺母因而常将不同开口大小的开口扳手组合成一套。通常开口越大的开口扳手,其握柄的长度越长,这有助于利用杠杆原理增加螺栓或螺母拧松或者拧紧时的力矩,使拆装变得轻松。开口扳手开口中心平面与握柄中心平面夹角为15°,这样的设计方便操作,并降低空间要求。开口扳手的规格用两端开口的宽度 A 表示,单位:毫米(mm)。

图1.1.1　开口扳手

开口扳手结构简单、价格低廉、使用方便、对操作空间要求较低,以及可提供较大的拧紧和拧松扭矩,因而在车辆拆装中经常使用,是一种基本的车辆拆装工具。开口扳手在使用过程中须按照以下方式操作:

①根据要拧紧或者拧松的螺栓或者螺母的尺寸需要,选择与其匹配的开口扳手,在选择的过程中可以将开口扳手的开口套在螺栓或螺母上,观察其大小是否适配。开口扳手的尺寸和操作对象尺寸不适配时,将可能导致操作对象或者开口扳手损坏,因而在施加力矩之前一定要确定扳手大小是否合适。

②将开口扳手套入螺栓或者螺母时,可以将开口扳手的开口从螺栓或者螺母上方套入,也可以从其侧面套入。套入时应注意观察,使得开口两平面与螺栓或者螺母六边形的相对两面平行,不应使用蛮力,以免造成操作对象或工具损坏。

③开口扳手开口平面与螺栓或者螺母六边形的相对两面完全配合后,可以施加拧松或拧紧力矩。施加力矩时,一只手应握住开口扳手靠近操作对象的一端,另一只手握住开口扳手握柄另一端并旋转扳手。当扳手旋转到不方便操作的位置,或者由于周围物体阻挡而无法旋转时,应取出扳手,并重新在合适的位置套装扳手。重复上面的过程直到操作对象完全松开或拧紧。

开口扳手在使用过程中应注意以下几点:

①扳手开口的大小应该和操作对象大小相匹配,否则可能损坏操作对象或者扳手的开口。

②必须在扳手开口两平面与螺栓或螺母六边形的相对两平面套合良好后再施加力矩，否则容易造成操作对象或扳手开口损坏。

③使用开口扳手施加力矩时，施加力矩的方向应朝向钳口。

④使用开口扳手施加力矩时，应注意观测周边阻挡物体，力矩大小及旋转速度要适中，以避免操作过程中触碰周边物体造成设备损坏或者人员受伤。

⑤在使用开口扳手拧紧螺栓或者螺母时，最后拧紧时的力矩不能太大，以避免扳手开口脱落造成安全事故。

2）梅花扳手

梅花扳手如图 1.1.2 所示，其构造与开口扳手类似，中间有握柄，只是握柄两端不是开口，而是一种圆环状结构。圆环内圈有波浪形凸起，这些凸起有六边形结构，也有十二边形结构。梅花扳手在使用时，其圆环内的波浪形凸起正好卡住螺栓或者螺母六边形的各个角，从而和操作对象一起旋转，实现拧松或者拧紧的操作。从侧面看，梅花扳手的握柄和圆形套头之间常有一个 10°～15° 的弯转角度，这种设计方便对凹陷空间内的螺栓或螺母进行操作，为操作人员提供足够的操作空间。跟开口扳手一样，梅花扳手也常用于标准尺寸螺栓或螺母的拆装，其规格大小由其操作对象的尺寸决定。在使用梅花扳手时，应该选择与操作对象相匹配的大小，以免造成操作对象或工具的损坏。与开口扳手相比，梅花扳手适合更狭小空间内的操作，同时梅花扳手可以施加比开口扳手更大的扭矩，适用于对拧紧力矩有一定要求或者拧松力矩比较大的情况。

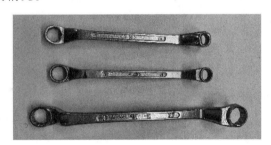

图 1.1.2　梅花扳手

梅花扳手在使用过程中须按照以下方式操作：

①选择与操作对象大小适配的梅花扳手，可以将梅花扳手套合在操作对象上观察其大小是否适配。

②确定所选扳手与操作对象型号符合后再施加力矩，施加力矩时一只手握住扳手与螺栓连接端，以防止扳手与螺栓滑脱，另一只手握住扳手另一端并施加力矩。

③与开口扳手一样，当梅花扳手旋转到不方便操作的位置，或者被周围物体阻挡而无法再旋转时，应取出扳手，并重新将其放置到合适的位置，重复上述操作直到螺栓或螺母完全被拧松或拧紧。

④梅花扳手可将螺栓或螺母完全套合，不易对螺栓或螺母的角造成损坏，因而可以施加更大的拧紧或拧松力矩。

梅花扳手在使用过程中应注意以下几点：

①必须选用与螺栓或螺母大小适配的梅花扳手,否则可能造成操作对象或工具的损坏,在施加力矩之前可将扳手与螺栓或螺母套合,观察其大小是否适配。

②确认梅花扳手与操作对象套合后方可施加力矩,施加力矩大小及旋转扳手的速度应该适当,操作过程中注意观察周围部件,以避免阻挡部件碰撞造成人员伤害。

开口扳手在操作时,与操作对象的套合和脱离速度较快,可以快速地使螺栓或者螺母拧过较长行程,但开口扳手只与螺栓或螺母的两个面套合,不宜施加太大的拧松或拧紧扭矩。虽然梅花扳手与螺栓或螺母套合和脱离速度较慢,在长行程拧松或拧紧时速度较慢,但梅花扳手与操作对象套合严密,可以施加更大的扭矩。基于上述特点,开口扳手常用于扭矩较小但需要速度较快的螺栓或螺母的长行程拧松或拧紧。当螺栓或螺母完全拧紧,或者刚开始松开时,则使用梅花扳手以提供更大的拧松或拧紧力矩。为方便上述操作,可将开口扳手和梅花扳手组合在一起,做成如图1.1.3所示一端是开口扳手,另一端是梅花扳手的形式,这种扳手被称为两用扳手。

图 1.1.3　两用扳手

3)套筒扳手

套筒扳手由套筒、手柄和连杆等附件组成,如图1.1.4所示。套筒的一端为六角或者十二角的内凹孔,用于与螺栓或螺母套合,套筒的另一端有一凹孔用于与手柄连接。为适应不同大小的螺栓或螺母,一套套筒扳手有多个大小不同的套筒,这些套筒均可与手柄连接。当操作不同大小的螺栓或螺母时,则须选用与之大小匹配的套筒,并将该套筒与手柄连接,进而进行拧紧或拧松操作。套筒虽然内凹形状一样,但套筒的外径、长度等并没有统一的标准或规定,是针对不同应用场合进行设计的。一套套筒扳手配有一个或多个手柄,每个手柄均可与不同大小的套筒连接,以适应不同螺栓或螺母的操作。手柄内装单向受力装置,从而可以在旋转套筒时只有一个方向受力,而另一个方向滑动。这一功能使套筒扳手在拧紧或拧松螺栓或螺母时,不用像开口扳手或梅花扳手那样需要在操作过程中不停地与操作对象脱离再套合,而可以通过连续左右扳动手柄来实现螺栓或螺母单向旋转,从而提高操作效率。套筒扳手手柄上有一个旋钮,可以改变螺栓或螺母的旋转方向。套筒扳手通常配有连杆,连杆一端可与套筒连接,另一端可与手柄连接,连杆可以加长套筒,以方便某些特定空间内的操作。套筒扳手操作效率高,可以施加较大的扭矩,也适合在狭小的空间内操作,因而是车辆拆装过程中的首选工具。

套筒扳手在使用过程中应按以下方式操作:

①根据需要操作的螺栓或螺母大小选择与之适配的套筒,套筒大小不合适可能造成操

作对象或套筒的损坏。在选择套筒的过程中,可以将套筒套合在操作对象上,用手转动以判断套筒与操作对象是否适配。

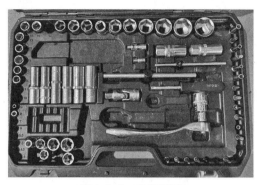

图 1.1.4　套筒扳手

②根据操作对象所处位置,选择合适的手柄,以及决定是否需要加长连杆。可以将所选的套筒、加长连杆和手柄组装在一起,与操作对象套合,观察周围遮挡物的情况,以判断连杆与手柄选择是否适配。

③将所选的套筒、连杆(如需要)与手柄组装好,可以左右拧动套筒,判断套筒拧紧力矩方向是否正确,若方向不对,可操作手柄上的旋钮以改变拧紧方向,方向正确后再进行操作。

④将套筒完全套入螺栓或螺母后再开始施加力矩,避免在套筒未完全套入的情况下施加力矩,以免造成对工具或操作对象的损害。

⑤操作时,一只手按压在手柄与套筒连接的轴线上,沿套筒轴线方向压紧,避免套筒与螺栓或螺母滑脱,另一只手扳动手柄另一端进行拧松或拧紧操作。

⑥操作过程中,旋转手柄的速度及力矩要适中,避免与周围障碍物碰撞造成人员伤害。

⑦操作完成后应将套筒、连杆(如有)与手柄拆解开,并将这些部件放回原来的位置。由于套筒较小且数量较多,容易丢失,因而要养成使用后将工具放回原来收纳位置的好习惯。

在使用套筒扳手的过程中应注意以下几点:

①套筒尺寸与操作对象尺寸必须适配,否则易造成操作对象或扳手损坏。

②操作过程中需要注意扳手拧紧方向要正确。

③操作过程中注意速度和力矩大小要适中,注意观察周围障碍物情况,避免触碰造成人员伤害。

④当有多种扳手可选用时,首先应选用套筒扳手,其次选用梅花扳手,在这两者都没有的情况下再选用开口扳手,最后选用活动扳手。

⑤操作完成后应清洁扳手并将其拆解后放回原位,以避免套筒等部件丢失。

4)活动扳手

活动扳手如图 1.1.5 所示,由手柄、开口和开口大小调节机构组成。活动扳手的开口一端可以沿轴线滑动,通过开口大小调节机构可以在一定范围内对开口大小进行任意调整。活动扳手的规格用最大开口宽度(mm)×扳手宽度(mm)来表示。活动扳手使用前需要调整开口大小到合适位置,操作过程比较繁琐,且由于其开口有活动部分,因而施加力矩大小有限,容易与操作对象滑脱造成操作对象损坏。由于以上特点,在汽车拆装过程中应尽量避免使用活动扳手,只有在没有其他扳手工具可使用时用于应急。

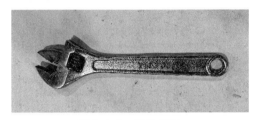

图 1.1.5　活动扳手

使用活动扳手时应按以下方式操作:

①调节开口大小,使扳手开口大小大于操作对象尺寸。

②将活动扳手开口套入待操作的螺栓或螺母,并往减小的方向调节扳手开口,使扳手开口与螺栓或螺母六边形的相对两边卡紧。

③一只手握住扳手开口端的手柄,防止扳手与操作对象滑脱,另一只手握住手柄另一端并施加力矩。

④当扳手旋转至不方便操作的位置或与周围物体发生干涉时,需要松开扳手使其与操作对象脱离,并将扳手移动至合适位置再重新套入操作对象进行操作,重复上述过程直到操作对象完全被拧松或拧紧。

⑤操作完成后,应调节开口大小,使活动扳手与操作对象脱离。

使用活动扳手的过程中应注意以下几点:

①将活动扳手套入螺栓或螺母后,应往开口减小的方向调节开口大小,使开口扳手两平面与螺栓或螺母六边形的相对两边完全贴紧后再施加力矩,否则开口扳手与操作对象之间易打滑,从而对操作对象或扳手造成损坏。

②使用活动扳手的过程中应注意旋转速度及力矩大小要适中,以避免与周围障碍物碰撞造成人员伤害。

③使用活动扳手时不宜施加太大力矩,若施加一定力矩后无法拧动应及时停止,换用其他工具,以避免扳手与操作对象产生滑动,对操作对象造成损坏。

5)内六角扳手

内六角扳手如图 1.1.6 所示,通常为 L 形,L 形的两端均可与内六角螺栓配合。为适应不同规格大小的内六角螺栓,内六角扳手通常由多个组成一套。内六角扳手与螺栓配合的

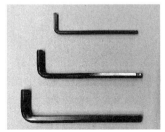

图 1.1.6　内六角扳手

六边形带有适度的内倾斜角或圆头,能与相同口径的螺丝紧密配合,方便使用。

内六角扳手在使用时应按以下方式操作:

①选用与操作对象大小适配的内六角扳手,施加力矩前可将内六角扳手嵌入操作对象,轻轻转动以判断其尺寸与操作对象是否适配。

②需要较大力矩时,可以用 L 形的短边插入操作对象的六边形孔内,并以长边为力臂旋转。

③施加力矩时,一只手沿螺杆或螺母轴线施加压力,使内六角扳手与操作对象之间不滑脱,另一只手手指拨动内六角扳手另一边施加力矩。

④完成操作后应取出扳手,将其放回原来的收纳位置,避免丢失。

使用内六角扳时应注意以下几点:

①须选用合适大小的扳手,扳手与操作对象配合时如果尺寸相差较大,有可能对操作对象或扳手造成损坏。

②施加力矩前应将扳手一端完全插入螺栓内六角孔内,否则扳手与操作对象易滑脱,可能对操作对象或扳手造成损坏。

③不宜施加过大力矩,否则内六角扳手与操作对象之间可能发生滑动,造成操作对象或扳手损坏。

6)扭力扳手

扭力扳手与套筒扳手类似,由一组套筒与一个带扭力指示的手柄组成,是一种能准确指示扭力大小的专用工具。根据扭力指示方式的不同,扭力扳手可以分为指针式扭力扳手和预置式扭力扳手。

指针式扭力扳手外形类似于普通套筒扳手,只是在手柄上有一个可以指示操作过程中扭矩大小的指针,如图 1.1.7 所示。

图 1.1.7　指针式扭力扳手

扭力扳手的操作方法与普通套筒扳手类似,在操作指针式扭力扳手的过程中需要注意以下几点:

①在操作指针式扭力扳手的过程中,不要触碰指针杆,否则可能造成扭力指示不准确,还可能对指针造成损坏。

②在操作过程中一只手按压套筒端,另一只手拉动扭力扳手手柄施加力矩,注意旋转手柄的速度不宜过快,且在整个过程中要一直注意观察扭矩指示值,当达到需要的指示值后应及时停止。

③在任何情况下都不要使扭矩超过其规定的最大值,否则容易造成扭矩扳手损坏。

④扭力扳手在使用后应妥善收纳,尽量将其平置,并避免因撞击挤压造成的扭杆或指针变形影响扭矩指示精度。

预置式扭力扳手如图1.1.8所示,它可预设一个扭力值,当操作过程中达到预设的扭矩值时扭力扳手会发出"咔嗒"的声音来提示操作者。

图1.1.8 预置式扭力扳手

预置式扭力扳手的基本操作方法如下:

①松开扳手手柄上的锁定环,旋转扭矩设定手柄并观察扭矩预设刻度,当预设扭矩达到所需的设定值时锁紧锁定环将手柄锁定。

②将套筒与操作对象套合,一只手沿螺栓或螺母轴线方向按压手柄一端,另一只手拉动扭力扳手手柄缓慢用力。

③当扭力扳手发出"咔嗒"声时,说明螺栓或螺母已达到预设的紧固力矩,这时应立即停止加力,并将套筒取出。

④使用完后应将预置扭矩调整为零后再收纳,使内部测力弹簧处于放松状态,以延长其使用寿命。

在使用预置式扭力扳手的过程中应注意以下几点:

①在调节好扭矩预设值后,需要将调节机构锁止后再使用扭力扳手。

②在施加扭矩的过程中应缓慢加力,防止因剧烈操作导致的施加扭矩值超过扭力扳手的使用极限值,导致扭力扳手损坏。

③在不需要精确控制扭矩的场合,应使用普通套筒扳手。

④扭力扳手通常用于拧紧螺栓或螺母,通常不用来拧松螺栓或螺母。

⑤在扭力扳手使用过后,应将预置扭矩预设值调整到最小,使测力弹簧处于放松状态再进行收纳,以防止其长期处于绷紧状态影响精度甚至失效。

⑥在扭力扳手使用和收纳过程中应注意防水防尘,避免水或灰层进入扳手内部,影响其精度或使其内部锈蚀损坏。

1.1.2 其他常用拆装工具

1)螺丝刀

螺丝刀又称螺钉旋具,是一种常用的拧松或拧紧小型螺钉的工具,它与扳手相比力臂较短,不能施加太大的扭矩,因而常用于小型螺钉的拆装。根据与螺钉接触面形状的不同,螺丝刀可分为一字螺丝刀和十字螺丝刀,如图1.1.9所示。螺丝刀由手柄、刀体和刃口三部分组成,其规格用刀体部分的长度表示,有多种规格。

图 1.1.9　一字螺丝刀和十字螺丝刀

使用螺丝刀拧紧或拧松螺钉时应按以下方式操作:

①根据螺钉沟槽的形状选用一字螺丝刀或者十字螺丝刀,刃口的大小应该与螺钉沟槽大小适配,在施加扭矩之前可以让螺丝刀刃口与螺钉沟槽配合,轻轻转动以观察其大小是否适配;

②螺丝刀刃口与螺钉沟槽适配后可以施加扭矩,在旋动螺丝刀的同时,还应施加一个轴向力,使螺丝刀刃口与螺钉沟槽始终贴合在一起,避免螺丝刀从螺钉沟槽滑脱。

使用螺丝刀时应注意以下几点:

①使用螺丝刀拧紧螺钉时不应使用太大的扭矩,以免损坏螺钉沟槽或使螺钉滑丝。

②使用螺丝刀时应施加适当大小的轴向力,避免螺丝刀与螺钉滑脱。

③螺丝刀刃口大小应与螺钉沟槽大小适配,否则可能导致螺丝刀刃口或螺钉沟槽损坏。

2)锤子

锤子是拆装作业中的常用工具,由手柄和锤头组成,根据其功能有多种不同的形状,如图 1.1.10 所示。常见的锤子一端为羊角形状,可以用于拆除钉子,另一端为略有弧形的平面,用于敲击工件。也有一端为球面,另一端为平面的锤头形状,或者两边为平面的锤头形状等。汽车拆装过程中常使用锤子敲击一些过盈配合的工件,使其分离。为减小锤子对工件的冲击,并保护工件表面不被划伤或避免产生变形,在汽车拆装中常使用表面包裹了橡胶或软性塑料缓冲层的锤头。锤子的规格通常用锤头的重量来表示,其中,0.5 ~ 0.75 kg 的锤头最为常见。

图 1.1.10　锤子

使用锤子时应按以下方法操作:

①根据需要实现的功能选择合适形状的锤头。如果需要拔除钉子,则需选用羊角形状

锤头,如果需要敲击工件,则需要根据工件形状选择球形或者弧形平面锤头。如果在敲击工件的同时需要保护工件防止其划伤,则需要选用覆盖缓冲层的锤头。

②用锤子敲击时应该握住锤柄后部,根据需要的不同力度,可以采用手腕、小臂或者大臂挥锤。其中手腕挥锤敲击力小,但敲击位置准确度高,敲击速度快。大臂挥锤敲击力最大,小臂挥锤次之。

③挥锤时应注意速度和力度,并注意观察周围障碍物,防止撞击障碍物造成人员伤害。

使用锤子时应注意以下几点:

①挥锤前应检查锤头和锤柄是否镶嵌牢固,避免锤头脱落造成工件损坏或人员伤害。

②使用后应将锤子妥善收纳,不应随意放在地上或桌上,避免其意外跌落造成人员伤害。

3)手钳

手钳具有多种不同的功能和种类,常用的手钳包括钢丝钳、尖嘴钳、鲤鱼钳和卡簧钳等。

钢丝钳如图 1.1.11 所示,钢丝钳钳口前部的夹口可以用于夹持、折弯小型工件,如金属丝、金属片及各种塑料件等。钢丝钳钳口后部的刃口可以用于剪切各种小型金属或非金属长条形工件。钢丝钳的规格常按其长度进行划分,常见的有 150 mm、175 mm 和 200 mm 三种。

图 1.1.11　钢丝钳

使用钢丝钳时要注意以下几点:

①使用过程中要避免用手接触钢丝钳钳口部分,避免钳口误夹造成人员伤害。

②钢丝钳受力方向应该平行于握柄平面,避免钳口受扭转力损坏钳口铰链。

③应避免使用钢丝钳代替锤子敲击工件。

④应避免使用钢丝钳代替螺丝刀、扳手等拧动螺栓、螺母,这样操作容易造成螺栓、螺母变形,影响正常拆装。

鲤鱼钳如图 1.1.12 所示,其形状与钢丝钳类似,只是钳口中部凹口更大,更适合夹持一些尺寸较大的圆柱形工件。鲤鱼钳的一片钳体上有两个相互贯通的孔,钳口大小可以在较大范围内变化,可以更好地适应各种大小工件的夹持。鲤鱼钳的规格用其长度表示,常见的有 165 mm 和 200 mm 两种规格,其使用方法与注意事项与钢丝钳类似。

图 1.1.12　鲤鱼钳

尖嘴钳如图 1.1.13 所示,它的特点是钳口前部细长,便于在空间狭小的情况下使用,尖嘴钳与钢丝钳一样具有刃口,可以剪切细小的金属及非金属材料。尖嘴钳由于钳口细长,所以不能承受太大的力,因而不适合受力太大的场合,否则钳口容易变形。尖嘴钳的规格用其长度表示,如 160 mm 尖嘴钳等,尖嘴钳的使用方法及注意事项与钢丝钳类似。

图 1.1.13　尖嘴钳

卡簧钳主要用于拆装各种卡簧,在车辆拆装中较常使用,其外形如图 1.1.14 所示。卡簧钳有多种不同的结构,有直口的,也有弯口的,还有不同长短,应根据操作对象的实际情况灵活选择。

图 1.1.14　卡簧钳

4)活塞环压缩器

活塞环在自由状态下直径大于发动机气缸直径,在装配活塞时,需要使用活塞环压缩器将活塞环压缩至活塞环槽内,以便活塞能够顺利装配进气缸。活塞环压缩器如图 1.1.15 所示,它包括一个由弹性金属材料制成的圆筒形装置、圆筒直径调节装置,并配有一个多边形扳手用于调节圆筒直径。不同发动机活塞大小不同,应选用与之大小适配的活塞环压缩器。

图 1.1.15　活塞环压缩器

活塞环压缩器的使用方法如下：

①选用与操作对象气缸大小适配的活塞环压缩器，太大或太小的活塞环压缩器均不能实现活塞装配，且有可能损坏活塞及活塞环。

②活塞环压缩器圆筒状结构的一端有一个微小的凸起，在安装活塞时活塞环压缩器带有微小凸起的一端与气缸体端面接触，以此确定活塞环压缩器在压缩活塞环时的方向。

③在活塞外部及活塞环压缩器内部涂抹润滑油，然后将活塞环开口调整到正确的装配位置，并按照正确的安装方向将活塞及活塞环放置到活塞环压缩器圆筒状结构内。

④采用配套的扳手旋转活塞环压缩器圆筒直径调节旋钮，使活塞环压缩器将活塞环压缩进活塞环槽内。压缩过程中及压缩完成后注意观察活塞环开口位置是否处于正确的装配位置，如果活塞环开口位置在压缩过程中发生变化，应该松开活塞环压缩器重新操作。确保活塞环在压缩完成后，其开口处于正确的装配位置。

⑤将活塞连杆及活塞按照正确方位放入气缸内，使活塞环压缩器带凸起一端的端面紧贴气缸端面，然后用木棒或其他具有一定弹性的工具推动活塞头部，将活塞及活塞环推入气缸内，完成装配。

活塞环压缩器在使用过程中应注意以下几点：

①活塞环压缩器大小应该与操作对象的气缸大小适配。

②注意活塞环压缩器的方向，安装时带微小凸起的一端要与气缸端面贴合。

③用活塞环压缩器压缩活塞环前，应该确定活塞环开口位于正确的装配位置。活塞环压缩过程中及压缩完成后，也应确定活塞环开口位于正确的装配位置，确认好后才能将活塞及活塞环推入气缸。

④压缩活塞环前应该在活塞环压缩器内壁及活塞外部涂抹润滑油，以方便将活塞及活塞环推入气缸。

⑤将活塞推入气缸时应该使用木质或其他具有一定柔性的工具，不能使用金属工具，以免对活塞顶部造成损伤。

5）活塞环拆装钳

当拆装活塞环时，需要将活塞环从开口处撑开，使其脱离活塞环槽或卡入活塞环槽内。在将活塞从开口处撑开的过程中，如果活塞环受力不均匀，容易发生变形或者断裂等意外，因而需要使用专用的活塞环拆装钳来完成上述工作。活塞环拆装钳如图 1.1.16 所示，其钳

图 1.1.16　活塞环拆装钳

口呈弧状,钳口两边有均布的多个齿,能够与活塞环形状适配。钳口底部有两个片状凸起,在拆装活塞环时,将两个凸起插入活塞环开口处,弧状钳口与活塞环弧面贴合,缓慢压动手柄即可将活塞环撑开,实现活塞环拆装。

在使用活塞环拆装钳时应按以下方法操作:

①找到活塞环开口位置,用一只手固定活塞环,并将活塞环拆装钳上的环卡卡入活塞环开口处,活塞环拆装钳圆弧形钳口与活塞环弧面平行接触。

②另一只手缓慢捏动活塞环拆装钳握柄,使活塞环缓慢张开,直到活塞环可以从活塞环槽中取出或者装入,然后缓慢取出或者装入活塞环。

③活塞环取出或者装入后,缓慢松开活塞环拆装钳握柄,使活塞环缓慢恢复原状。如果是安装活塞环,应该使活塞环口处于规定的安装位置再松开拆装钳握柄。

使用活塞环拆装钳时应注意以下两点:

①操作活塞环拆装钳握柄使活塞环张开或者恢复原状时应均匀用力,使活塞环拆装钳缓慢动作,避免损坏活塞环或者发生伤人事故。

②活塞环拆装钳属于专用工具,避免将该工具用于拆装活塞环之外的其他工作,以免对工具造成损坏。

6)顶拔器

顶拔器如图 1.1.17 所示,它由拉爪、座架、丝杠和手柄四个主要部件组成。顶拔器有三个拉爪固定在座架上,座架内部有螺纹与丝杠配合,丝杠上部安装有手柄,当转动手柄座架可带动拉爪沿丝杠轴向运动。顶拔器主要用于配合紧密的零件之间的拆卸和分离,它可以使用拉爪将配合紧密的零件拉出。

图 1.1.17　顶拔器

使用顶拔器时可按以下方式操作:

①转动丝杠将其顶端顶住轴端,用手扳动拉爪使其拉住待取出工件。

②缓慢转动丝杠,使拉爪沿丝杠往零件拉出方向移动,缓慢将待取出工件拉出。

③使用顶拔器拉出工件时,在操作过程中应使丝杠轴线始终保持与工件轴线同轴,否则易损坏顶拔器或工件。

7)轴承、衬套、密封圈安装器

在车辆零部件拆装中,常需安装各种轴系零部件的轴承、衬套和密封圈等。这些零件的安装对同轴度、安装位置等有较高要求,在安装时必须正确定位,使用专用的轴承、衬套和密封圈安装器有利于上述零件在安装过程中的准确定位,保障安装质量。轴承、衬套和密封圈安装器通常是一套工具,由不同内径的轴套、隔板、压盘和手柄等组成。在使用该工具时,应根据安装对象轴系的尺寸选择合适内径的轴套和安装器部件,组装完成后将轴承、衬套和密封圈等压入安装位置。轴承、衬套和密封圈安装器工具零部件较多,容易丢失,因而在使用过程中要特别注意收纳,使用过后应立刻将工具放回固定收纳位置。

1.1.3 汽车实验实训常用量具介绍

1)钢尺

钢尺由薄钢片制成,上面刻有刻度,最小刻度通常是 1 mm 或者 0.5 mm,可用于测量工件尺寸。钢尺测量精度不高,但它可以直接读数,使用方便,因而在精度要求不高的场合较常使用。钢尺按照长度可分为不同规格,常见的有 100 mm、150 mm、500 mm、1 000 mm 等规格。钢尺的使用较为简单,将其与待测尺寸平行放置,直接根据刻度获得长度读数即可。

2)卡钳

卡钳如图 1.1.18 所示,其构造类似于圆规,由两条腿以及一个调节两腿间距的螺杆旋钮装置组成,通过调节旋钮可以调节两腿腿尖的距离,旋钮固定时两腿位置固定不动。卡钳可与钢尺或其他量具配合,用于测量空间位置狭小且其他量具不便于测量的各种内径、外径和凹槽等各种尺寸。根据测量对象的不同,卡钳可分为用于测量内径的内卡钳和用于测量外径的外卡钳两大类。

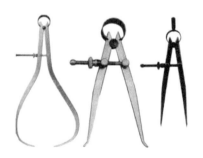

图 1.1.18　卡钳

使用卡钳进行测量可按以下方式进行:

①根据测量对象的特点选择使用内卡钳还是外卡钳,内卡钳适用于测量内径、凹槽尺寸等,外卡钳适用于测量外径、平面距离等。

②如果使用内卡钳,应先调节旋钮使卡钳腿尖位置小于待测内径,然后将卡钳腿放置于待测内径的工件内,之后调节旋钮使卡钳两腿尖同时触碰到待测内径两侧。要注意,卡钳腿尖应该测量内径最大处,旋转卡钳并确保腿尖与内径壁始终接触。确认后锁紧旋钮,使卡钳腿尖位置固定。

③如果使用外卡钳,应先调节旋钮使卡钳腿尖位置大于待测外径,然后将待测外径放置于卡钳两腿之间,再调节旋钮使卡钳两腿尖同时与外径两侧接触。要注意卡钳腿尖应测量

外径最大处,旋转卡钳并确保腿尖与外径壁始终接触。确认后锁紧旋钮,使卡钳腿尖位置固定。

④取出卡钳,用钢尺或其他长度测量工具测量卡钳两腿尖距离,该距离等于待测内径或外径的尺寸。

3）塞尺

塞尺是一种用于测量微小间隙厚度的量具,如图 1.1.19 所示。塞尺通常由一组厚度不同的金属薄片组成,用铆钉固定在一起,每个薄片都可以沿铆钉旋转。薄片由薄到厚排列,每一个薄片上均标识其厚度,通常可精确到 0.01 mm。塞尺的规格常用其长度和片数来表示,常见的塞尺长度有 100 mm、150 mm、200 mm 和 300 mm 等,每组片数各不相同,从十几片到几十片不等。

图 1.1.19　塞尺

使用塞尺测量间隙厚度时可按以下方式操作:

①根据待测间隙尺寸及测量精度要求,选择合适的塞尺。

②调整塞尺片数,将一片或多片塞尺重叠后塞入间隙,直到来回拉动塞尺感觉略有阻力时再拧紧塞尺铆钉处旋钮固定塞尺,间隙尺寸等于所有塞入间隙薄片厚度之和。

使用塞尺测量时应注意以下几点:

①塞尺插入间隙时应不断调整塞尺重叠片数,最后确定尺寸时塞尺在间隙中不应过松也不能过紧,来回拖动塞尺略有阻力即可。

②如果塞尺塞入间隙时感觉过紧,不应使用强力塞入,应该取出塞尺,调整厚度后再塞入,否则易损坏塞尺。

③应该保持塞尺表面清洁,塞尺表面有污垢可能影响测量精度,用塞尺测量前应该检查塞尺表面,如有污垢应去除后再进行测量。

④测量结果等于塞入薄片尺寸之和,计算时应反复核对,避免出错。

⑤增加塞尺厚度时应该从相邻薄片逐渐增加,不能将不相邻薄片重叠在一起塞入,这样可能导致薄片弯曲甚至损坏塞尺。

4）游标卡尺

游标卡尺是一种较为精确的测量工具,常用的游标卡尺测量精度可达到 0.02 mm,此外还有 0.1 mm、0.2 mm 和 0.05 mm 等不同精度等级。游标卡尺可用于外径、内径、长度和深度等测量,其外形如图 1.1.20 所示。如图所示,游标卡尺由尺身、游标尺、紧固螺钉、深度尺、外测量爪和内测量爪等部分组成。游标尺与尺身配合,可沿尺身滑动,通过紧固螺钉可以固定游标尺,使其与尺身固定在一起。尺身与游标尺一起组成外测量爪和内测量爪,内测量爪和外测量爪的一边在尺身上,另一边在游标尺上随游标尺一起移动,当游标尺沿尺身移动时,内测量爪和外测量爪的间距便发生变化,从而可以测量不同大小的内径和外径。深度尺也随游标一起移动,移动游标时深度尺也会伸出不同的长度,可用于不同深度的测量。

图 1.1.20　游标卡尺

游标卡尺的读数由主尺刻度和游标刻度共同确定,图 1.1.21 上半部分为主尺刻度,下半部分为游标尺刻度,游标卡尺的读数方法如下:

①找出游标尺零刻度位置左侧距离最近的一个主尺刻度值,该值即是最终读数中的毫米整数值。如图 1.1.21 所示,游标尺零刻度位置左侧最近的一个主尺刻度值是 20 mm,则最终读数的毫米整数值为 20 mm。

②找出游标尺零刻度线右边第几条刻度线与主尺上某一刻度线对齐,如图 1.1.21 所示,游标尺零刻度右边第 4 条刻度线与主尺上某一刻度对齐,则将游标尺精度乘以该条数则得到最终读数中的小数值。若图 1.1.21 中游标卡尺的精度为 0.1 mm,则最终读数中的小数值为 0.1 mm×4 = 0.4 mm。

③将前两个步骤获得的整数值和小数值相加,即得到游标卡尺在这一位置的最终读数。如图 1.1.21 所示,该处游标卡尺的最终读数为 20 mm+0.4 mm = 20.4 mm。

图 1.1.21　游标卡尺的读数方法

使用游标卡尺进行测量应按以下方法操作:

①游标卡尺属于比较精确的测量仪器,工件表面清洁度对测量结果的准确性有影响,因而使用游标卡尺进行测量前应该将待测表面清洁干净,以免影响测量结果。

②在使用游标卡尺测量前,应该将内外测量爪闭合,按照前面的读数方法检查游标卡尺的读数是否为 0。若内外测量爪闭合时游标卡尺读数不为 0,则应该记录下这一读数值并将其作为初始值,在完成测量后应该用测量值减去初始值作为最终测量结果。

③用游标卡尺测量外径时,应该首先移动游标尺,使外测量爪两爪间的宽度大于待测工件外径,然后将待测工件放到两外测量爪之间,缓慢移动游标尺,使得外测量爪与工件外径完全接触,然后按照读数方法进行读数。移动游标时应注意速度不能太快,力量不能太大,以免损坏游标卡尺。外测量爪长度应超过待测工件外径最大处,保持外测量爪平面与工件轴线垂直,这样才能测量得到准确的外径值。

④用游标卡尺测量内径时,应该首先移动游标尺,使两个内测量爪之间的距离小于待测内径,然后将内测量爪放置于待测内径之间,缓慢移动游标尺,使两个内测量爪外侧与工件内径表面完全接触,然后按照读数方法进行读数。移动游标时应注意速度不能太快,力量不能太大,以免损坏游标卡尺。内径测量应注意,内测量爪应该测量内径最大处,必要时可轻微旋转游标卡尺,以观察内测量爪是否位于内径最大处,这样才能测量得到准确的内径值。

⑤用游标卡尺测量深度时,应该首先移动游标尺,收回深度尺,使深度尺伸出长度小于待测深度(最好将深度尺收回至0位),然后将深度尺与待测深度轴向同轴摆放,将游标卡尺尾部贴合到待测深度边缘。缓慢移动游标,使深度尺缓慢深入待测深度中,直到深度尺接触待测深度底部,再进行读数。整个操作过程中要注意保持游标卡尺尺身与待测深度轴向同轴摆放,不要歪斜,否则会影响测量精度。将深度尺移出时,速度不宜过快,力度不宜过大,以免损坏深度尺。

⑥测量完成后应清洁游标卡尺,并将其收纳到专用收纳盒中。

使用游标卡尺进行测量应注意以下几点:

①在测量过程中应注意游标卡尺的清洁,不要使其沾染油污,测量后应将游标卡尺收纳在专用收纳箱中。

②测量外径时,外测量爪应该超过外径最大处,且外测量爪端面应该与待测表面贴合,待外测量爪平面与外径轴向垂直时再进行读数。

③测量内径时,内测量爪应该测量内径最大处,且内测量爪外侧与待测表面贴合,待内测量爪平面与待测内径轴线同轴时再进行读数。

④测量深度时,应该使尺身尾部与工件上端面贴合,深度尺与待测深度下表面贴合,待尺身与深度方向同轴时再进行读数。

⑤若测量爪闭合时游标卡尺初始读数不为0,应该用测量值减去初始值以得到最终的测量结果。

5)千分尺

千分尺是一种紧密的测量工具,其测量精度比游标卡尺更高,可达到0.01 mm。千分尺有多种结构类型,可分为内径千分尺、外径千分尺、深度千分尺和壁厚千分尺等,其中外径千分尺较为常用,下面对外径千分尺进行详细介绍。

外径千分尺外形如图1.1.22所示,主要由框架、小砧、微测螺杆、固定刻度、可动刻度、旋钮、微调旋钮和锁紧装置等部分组成。旋转旋钮可使微测螺杆快速移动,改变旋钮旋转方向,则微测螺杆移动方向随之发生变化,旋钮用于大范围内调节微测螺杆与小砧之间的间距。微调旋钮可使微测螺杆缓慢移动,改变微调旋钮方向可使微测螺杆移动方向发生变化,微调旋钮用于小范围内调节微测螺杆与小砧之间的间距。微调旋钮中设置有棘轮装置,当微测螺杆触及工件而难以轴向移动时,微调旋钮中的棘轮会打滑,此时继续旋动微调旋钮螺杆不再移动,且棘轮发出嗒嗒声。外径千分尺的规格由其所能测量的最大长度确定,常见的有0～25 mm、25～50 mm、50～75 mm、75～100 mm、100～125 mm等规格。

图 1.1.22　外径千分尺

外径千分尺的读数方法如下：

如图 1.1.23 所示，千分尺的刻度包含固定套筒上的主刻度与活动套筒上的小数部分，在读取千分尺的读数时，应分别读取主刻度与小数刻度，再将它们相加，两部分之和即为千分尺在当前位置的读数。具体方法如下：

①固定套筒上的主刻度精确到 0.5 mm，主刻度分为上下两个部分，上下刻度错开，上半部分每两条刻度线的间隔距离为 1 mm，下半部分刻度与上半部分刻度错开，间隔也为 1 mm，相邻的上刻度与下刻度之间间隔为 0.5 mm。从主刻度上可以读取一个精确到 0.5 mm 的读数值，如图 1.1.23 中主刻度的读数值为 7 mm。

②活动套筒上标识出读数的小数值，精确到 0.01 mm，读取与主刻度中间线对准的活动套筒上的小数值，不足一格的部分可以估算（千分之一毫米）。如图 1.1.23 所示，活动套筒上的读数值为 0.375 mm。

③千分尺的最终读数值等于固定套筒上的主刻度值与活动套筒上的小数读数值之和，图中所示的读数为 7 mm+0.375 mm＝7.375 mm。

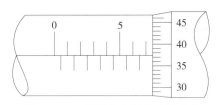

图 1.1.23　外径千分尺的读数方法

使用千分尺进行读数时可按以下方式操作：

①使用前应将千分尺表面清洁干净，特别是与工件接触的小砧及微测螺杆端面应仔细清洁，以免影响测量精度。

②正式测量前应对千分尺的初始值进行检查，旋转旋钮和微调旋钮使微测螺杆和小砧贴合，直到微调旋钮中的棘轮发出"咔咔"声，这时检查千分尺读数，若读数为 0 则千分尺状态正常，可以用于测量。若千分尺初始读数不为 0，则说明千分尺有初始误差，应进行检查调整使其恢复为 0 后方能用于测量。

③将待测工件表面清洁干净，调整千分尺微测螺杆与小砧之间的距离，使其大于待测尺寸，将工件放入微测螺杆与小砧之间。将工件一侧与小砧紧密贴合，调节旋钮使得微测螺杆接近工件，当微测螺杆快接触工件表面时，改用微调旋钮，直到微测螺杆与工件表面紧密贴合，微调旋钮中的棘轮发出"咔咔"声。在上述操作过程中应注意千分尺螺杆轴线要与待测尺寸平行，否则会影响测量精度。当棘轮发出"咔咔"声后，可按照千分尺读数方法读取当前

的测量值。

④测量完成后,应清洁千分尺表面,并将其存放入固定的工具箱中,避免随意放置或受到挤压,影响其精度。长期存放时可在千分尺表面涂抹工业凡士林,以免表面锈蚀影响测量精度。

使用千分尺测量应注意以下几点:

①千分尺属于紧密测量仪器,应注意其表面清洁,避免挤压及随意放置,以保持其良好的状态。

②在调节螺杆使其接近工件表面时,一定要在螺杆将要接触工件表面前改用微调旋钮调节,微调旋钮中的棘轮装置可以保护千分尺不至于受到太大的压力而产生变形。严禁直接用大幅度调节的旋钮调节螺杆使其接触工件,这样会导致螺杆受力太大进而导致其变形,影响千分尺测量精度。

③千分尺在测量前一定先检查其初始值是否为0,初始值不为0时不能用于测量。

6)百分表

百分表如图1.1.24所示,它有一个测量杆,有一个大表盘和一个小表盘,两个表盘分别有指针。当测量杆测量工件表面而上下移动时,表盘上的指针指示出读数值。大表盘常分为100格,每一格标识0.01 mm,小表盘每一格标识1 mm,大表盘上指针旋转一周则小表盘上的指针旋转一格,小表盘上指针的整数读数指示整数毫米值,大表盘上指针则指示精确到0.01 mm的小数值,两者相加即是百分表的读数。百分表主要用于测量工件尺寸误差、形位误差和配合间隙等。

图1.1.24　百分表

使用百分表进行测量时应按以下方法进行操作:

①测量前,先检查百分表初始读数值,若大、小表盘初始读数值均为0,则说明百分表状态正常,可以用于测量,否则不能用于测量。检查初始读数值时可用手按压百分表测量杆使指针转动,然后放开,观察指针能否恢复到0位。

②清洁百分表测量杆端面,以免污渍影响测量精度。

③百分表通常配置有专用的表架,将百分表安装于表架上,将测量杆量头与待测工件表面紧密贴合,使测量头产生一个初始压缩量,此时百分表指针会有一个初始读数。移动被测工件或者表架,观察表盘上指针偏离初始值的幅度,该偏离幅度即是被测工件尺寸偏差或间隙。

使用百分表时应注意以下几点:

①百分表属于精密测量仪器,应注意其清洁及保养,使用前后应清洁表面及测量杆,使用后应立即收纳到专用收纳盒中,避免挤压或随意放置。若长期放置应在其表面涂抹薄层工业凡士林,避免生锈影响精度。

②百分表在测量时,测量杆应与待测表面垂直,以保证测量精度。

③百分表在测量前一定先用手指压动测量杆然后松开,观察表盘指针能否回到原位,以确保百分表处于良好状态后再进行测量。

7)内径百分表

内径百分表如图1.1.25所示,内径百分表由百分表以及表杆、表杆座、活动测杆(量头)、支撑架和一套长度不等的接杆等组成。它的精度可达到0.01 mm,借助百分表及一组专用的工具可用于发动机气缸、轴承座孔圆度误差、圆柱度误差及磨损情况的测量。

图1.1.25　内径百分表

使用内径百分表进行测量时可按以下方法进行操作:

①将百分表与用于内径测量的活动测杆组装在一起,将百分表测杆插入活动测杆直管轴孔中,压缩百分表到大表盘指针旋转一圈(小表盘指针旋转一格)的位置,拧紧活动测杆上部的紧固螺栓,固定百分表测杆及指针位置。

②根据测量对象尺寸选择合适尺寸的测量头。

③用千分尺或者专用的标准量规进行校准,记录百分表在校准值处的位置,并将其作为0位。

④一只手握住绝热套,另一只手拖住测杆下部,将测量头放入待测内径中,在保持百分表测杆与待测内径轴向同轴线的情况下摆动表杆,观察百分表读数。

⑤若百分表读数与其校准值相同,则说明被测工件内径与其标准值相同,工件内径没有磨损的情况。如果百分表读数大于标准尺寸,说明内径已磨损,读数大于标准尺寸的值即是内径磨损值。

8)汽车拆装实训中的其他常用量具简介

(1)气缸压力表

气缸压力表如图1.1.26所示,可用于汽油发动机或柴油发动机缸内压力测量。使用缸压表测量汽油发动机和柴油发动机缸内压力时,其连接方式不同,测量范围也不一样,因而根据测量对象不同,缸内压力表可分为汽油发动机缸内压力表和柴油发动机缸内压力表。

气缸压力表使用方法如下:

①启动发动机使发动机热机,当发动机达到正常工作温度后停机,汽油发动机拆下火花塞,柴油发动机则拆下喷油器,这些准备工作做好后可开始缸内压力测量。

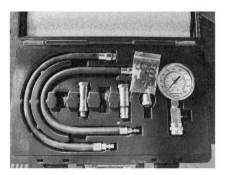

图1.1.26 气缸压力表

②将发动机节气门和阻风门完全打开,如果是汽油发动机,气缸压力表上有一个锥形橡胶圈,将其塞入火花塞孔并压紧在火花塞座孔上。柴油发动机缸内压力测量表有螺纹接口,将该螺纹接口与柴油发动机喷油器座孔的螺纹接口旋转拧紧。通过以上操作便实现了缸压表与气缸的连接。

③启动起动机,带动发动机曲轴旋转,如果是汽油机应使发动机曲轴转速达到 150 ~ 180 r/min,如果是柴油机,则应使曲轴转速达到 500 r/min。保持以上转速 3 ~ 5 s,记录气缸压力表所指示的压力值,该压力值就是该气缸的缸压。

④气缸压力表上有一个放气阀,测量结束后按下放气阀,放掉气缸中的压力,气缸压力表指针回到 0 位,则一次测量结束。在实际测量中,一个气缸应重复测量 2 ~ 3 次。

⑤按以上操作逐个测量发动机各个气缸的缸压。

(2)燃油压力表

燃油压力表如图 1.1.27 所示,它由一个压力表以及一套接头和管路组成。使用燃油压力表进行燃油压力测量,其结果可对供油系统中油泵、油压调节器等工作情况进行判断。使用燃油压力表测量油路压力时,使用配套的三通接头和管路,将燃油压力表连接到油压调节器和喷油嘴之间的管路上,在发动机工作时测量油路油压。

图1.1.27 燃油压力表

(3)轮胎气压表

轮胎气压表如图 1.1.28 所示,胎压表上有接口可与轮胎气门嘴连接,用于轮胎气压测量。测量时,应首先将轮胎气门嘴上的保护盖拧开,将气压表接口与轮胎气门嘴连接,读取轮胎气压值。测量完毕后,应及时将轮胎气门嘴保护盖装上。

图1.1.28　轮胎气压表

(4)万用表

万用表如图1.1.29所示,由一个表头与若干连线组成。在使用万用表测量电瓶电压时,应关闭点火开关和所有用电设备,将万用表正负极测量线插入相应插孔内,并将万用表调至直流电压测量挡位。先将正负极表笔短接,检查万用表初始误差,初始读数为0时为正常。若初始读数不为0,则应用最终测量值减去初始读数作为最终读数。在测量时,万用表正极接线柱接触电池正极,负极接线柱接触车体搭铁位置,然后观察万用表读数。测量过程中注意手指不能触碰表笔的金属部位,以免影响测量结果的准确性。

图1.1.29　万用表

1.2　汽车检修常用设备介绍

1.2.1　举升机

车辆拆装及检修中常需将车辆托举,以方便对底盘进行观察及操作,举升机主要用于车辆托举。常见的举升机按其结构可分为两柱式、四柱式和剪式等类别,如图1.2.1所示。两柱式举升机由两根立柱支撑整个结构,两立柱上方由横梁连接,构成一个龙门架结构。每根立柱上分别有两根可以调节距离的托举臂,使用时将托举臂放到最低位置,然后将车辆驶入两立柱中间,调节托举臂使其支撑到车辆托举承力位置,然后可以开动电机升起托举臂将车辆举升。四柱式举升机有四根立柱,分别位于四角,四柱中间有一个框架平台结构,将车辆驶入平台,进而可以启动电机将车辆举升。剪式举升机没有立柱,使用时将车辆驶入剪式举升机的平台,然后启动电机,剪刀臂动作可将车辆举升。

图1.2.1　常见举升机

使用举升机举升车辆时,可按以下方式进行操作:

①使用举升机对车辆进行举升时周围应没有其他障碍物,以免影响操作安全。在使用举升机前,先检查周边环境,对可能影响操作的障碍物进行清理,以确保操作安全。

②接通举升机电源,先将举升臂或举升平台降低到最低位置。如果是两立柱举升机,应将两个支撑臂分别向左右张开,为举升车辆做好准备。在操作过程中可先短距离升起并降低举升臂或举升平台,观察举升机工作是否正常。

③将车辆驶入举升位置,准备举升。如果是两柱式举升机,应将车辆驶入两立柱中间,让车辆中间位置与两立柱基本对齐。如果是四立柱或剪式举升机,则应将车辆驶入举升平台,让车轮处于举升平台上。驶入车辆时应注意观察,使车辆尽可能处于举升平台或者托举臂中间,便于举升。

④若举升车辆以四个车轮为托举点,车辆驶入托举位置后应拉紧驻车制动,然后将防滑支座放置到车轮前后位置将车辆固定好。如果不是以车轮而是以底盘上固定位置为托举点,则应将防滑支座放置到车轮前后位置,将车辆固定好后松开车辆驻车制动器,并将车辆挂入空挡后进行举升。

⑤当使用两立柱举升机举升车辆时,应在车辆驶入并安装好车轮防滑挡块、松开驻车制动及挂入空挡后,调整四个托举臂的位置,使其位于底盘上指定的托举位置。

⑥所有人员撤离车辆及举升机工作区域后,可按下举升机上升按钮进行试托举。试托举时,将车辆举升至离地20 cm左右的位置,检查整个托举平台是否同步举升,以及车辆是否固定平稳,直接托举底盘时还应进一步检查托举臂托举位置是否正确。

⑦若试托举发现车辆不稳、托举位置不正确及举升平台上升不同步等情况,应放下车辆排除问题后再进行试举升,直到试举升情况正常后才可举升车辆至正常操作高度。

⑧车辆举升至正常操作高度后,应按举升机操作方法将举升机锁止,防止车辆检修过程中出现事故。

⑨车辆检修完毕后,应松开举升机锁止装置,按下举升机下降按钮使托举装置降到最低点。如果是直接托举底盘,则应让举升臂下降到与底盘脱离接触为止。

⑩收起举升臂和防滑挡块,将车辆驶离举升位置,关闭举升机电源及气泵,整理工具,清洁场地。

使用举升机举升车辆时,应注意以下几点:

①举升机周围不得有可能阻碍操作的障碍物,在使用举升机举升车辆前应首先检查周围环境,移开所有可能对操作造成影响的障碍物后再进行操作。

②直接举升底盘时,应调整支撑臂位置,使其对准车辆底盘上规定的举升点,车辆应松开手刹并挂入空挡。

③准备工作完成后应进行试举升,以检查举升机各举升臂升降是否同步、举升机液压系统是否有爬行、漏油等现象,如果存在上述情况应排除故障后再进行操作。

④举升车辆前应确认车上无人,所有操作人员均已转移到安全区域。举升过程中速度不宜过快,举升高度不宜太高。

⑤车辆举升到适宜高度后,应挂上锁止保险装置,确认无误后操作人员方可进入车下进行检修操作。

⑥操作完毕后应将举升机恢复原状,并进行清洁。

⑦举升机应按其规定的方式定期进行检查维护,以保证其处于良好的工作状态。

1.2.2　千斤顶

千斤顶是一种小型的短行程起重设备,其顶升高度通常小于1 m,由于其体积和重量较小,方便携带,适用于一些需顶升距离不大的场合。常见的千斤顶有多种不同的结构形式,大体可分为液压式和机械式两类,机械式千斤顶又可分为齿轮齿条千斤顶和螺旋千斤顶等类型。机械式千斤顶起重重量常小于液压式千斤顶,且操作比液压式千斤顶更费力,通常只用于一些应急场合。与机械式千斤顶相比,液压式千斤顶起重重量较大,工作平稳,操作轻便,且有自锁功能,应用较为广泛。

使用千斤顶进行举升操作时,应按以下方式进行操作:

①千斤顶有标明的最大顶升重量,在使用千斤顶前,应根据被顶升对象的重量选择合适的千斤顶,并留出一定的余量,确保顶升重量不超过千斤顶最大顶升质量。

②将千斤顶底部放置于平整坚固的地面,使千斤顶处于铅锤位置,不能有倾斜。如果地面不够平整或不够坚固,可铺上钢板和木板等找平并增加承载面积。

③在进行较大范围顶升前,应先将重物顶升一个较小的高度,然后检查千斤顶是否处于垂直状态,以及其工作是否正常,待检查一切正常后方可继续顶升。如果存在基础不平、千斤顶倾斜和千斤顶工作不正常等情况,应及时放下重物进行检修调整后再继续顶升。

④准备好足够的钢块或枕木,随着重物被顶升应在重物与地面之间及时垫上钢块或枕木,防止千斤顶出现异常时重物忽然下坠。

⑤升起或放下千斤顶时,速度不宜过快,以免引发事故。

使用千斤顶举升重物时应注意以下几点:

①不能超过千斤顶最大顶升重量和最大顶升距离,否则可能导致灾难性的后果。

②当同时使用多个千斤顶顶升重物时,应有人统一指挥协调,确保操作过程安全平稳。

③放下重物时速度不能过快，以免对举升物造成较大冲击或产生安全事故。

④应保持千斤顶的清洁，以免影响千斤顶工作状态。

1.2.3　新能源汽车检修工具及设备认知

1) 绝缘工具

绝缘是指用绝缘材料将导电体包裹隔离，以避免人体或者其他导电体接触导电体而触电的一种安全保护措施。对电气设备带电部分、设备采取绝缘措施，能有效防止漏电、短路和触电等各种危险发生。除此之外，绝缘材料还能起到对导电部分的保护作用，防止导体被腐蚀氧化，保障电气设备安全稳定运行。

绝缘工具是指在工具表面覆盖绝缘材料，使工具在使用过程中可以接触带电导体，而不会对操作人员造成触电伤害的特殊工具。在对高压电气设备进行各种检修及维护操作时，须按规定使用绝缘工具，以保障操作人员安全。根据绝缘材料防护等级的不同，绝缘工具具有不同的耐压等级，须根据操作对象设备电压等级选择具有相应电压防护等级的绝缘工具。新能源汽车高压电气系统最高电压可高达数百到一千伏，因而对新能源汽车进行检修及维护操作时，须使用耐压等级 1 000 V 以上的绝缘工具。新能源汽车高压部分零件拆装时，使用的拆装工具须装有 1 000 V 以上的绝缘柄，如图 1.2.2 所示。

图 1.2.2　绝缘拆装工具

需注意的是，当我们对高压电气设备或者车辆高压部分进行检修或者维护操作时，无论操作对象是否处于通电和工作状态，均须使用专用的绝缘工具进行操作，以免设备意外带电给操作人员造成伤害。

2) 测量仪表

在新能源汽车检修中，常需对电压、电流、电阻和绝缘性等电气参数进行测量，并使用相应的电气检测工具。在新能源汽车检修过程中常使用的电气检测工具包括万用表、电流钳和绝缘电阻测试工具等，下面分别进行介绍。

(1) 万用表

常见的万用表如图 1.2.3 所示，它具有交直流电压、电流测量、电阻测量、二极管测试和连通性测试等基本功能，有些汽车检测专用万用表还有转速测量、占空比测量和读取故障码等专用功能,可根据说明书使用这些专用功能。

图 1.2.3　数字万用表

万用表使用注意事项如下:

①万用表具有交流电压测量、直流电压测量、交流电流测量、直流电流测量、电阻测量和二极管测量等多个不同测量模式,每个测量模式下还分为多个不同量程的挡位,在使用时须根据测量对象的交直流特性和电参数范围合理选择适当的挡位进行测量。

②万用表通常有红色和黑色两根表笔,通常红色是正极表笔,黑色是负极表笔,在测量电压、电流和电阻时,需将表笔插入表上不同的接口位置,需根据说明书准确安装表笔。此外,在测量直流电时,需注意表笔的极性,红色表笔接触测量对象的正极端,黑色表笔接触测量对象的负极端,不可接错。

③在使用万用表进行测量前,最好先用已知电压或电阻对其准确性进行初步检验,以确保万用表处于正常工作状态。当测量直流电压前,可用万用表测量干电池电压(如 1.5 V 电池),观察万用表读数与电池电压是否相符,符合后即可用于实际测试。当测量交流电压前,可用万用表测量 220 V 交流电,观察万用表读数与日常交流电压是否相符,以确认万用表交流挡是否处于正常工作状态。测量电阻时,可用已知阻值的电阻对万用表的工作状态进行确认。使用万用表二极管测量挡或者进行连通性测量时,可将两支表笔直接接触,此时万用表蜂鸣器发出蜂鸣声则表示万用表处于正常工作状态。

④万用表如果受潮腐蚀,将对其测量精度造成影响,因而万用表需收储在专用工具箱中。对于万用表的表笔,最好使用后取下,装入塑料袋保存,以免受潮。

(2)电流钳

电流表虽然也能测量电流,但用其测量电流时须将两根表笔串联到电路中,让电流流过表笔和万用表。在绝大部分情况下,测量对象的导线不能拆除,无法将表笔串联到电路中,因而无法使用万用表进行电流测量。此外,万用表测量电流的能力通常较小,只能测量较小的电流,对于大电流则无法使用万用表进行测量。基于上述原因,在实际中很少使用万用表测量电流,而使用专用的电流钳进行电流的非接触式测量。

常用的电流钳如图 1.2.4 所示,它由一个可开合的钳口、挡位调节旋钮和显示屏等组成,也可连接表笔进行二极管、电压和电容等测量。在使用电流钳进行电流测量时,根据测量对象电流大小选择合适的挡位,然后打开钳口让导线从钳口中通过,则电流钳的显示屏上将显示线路中的电流。由于采用感应式电流测量原理,电流钳在测量电流时与被测导线无须接触,避免了拆装导线的麻烦,同时也避免了触电的风险,特别适用于电动汽车中高压、大电流系统的电流测量。

图 1.2.4　电流钳

（3）绝缘测试仪

电动汽车的高压部件和导线与车辆底盘及车体之间是严格绝缘的,若高压部件和导线与车辆底盘及车体之间绝缘电阻下降,有可能危及人员安全。新能源汽车运行工况复杂,在车辆运行过程中,高压部件和导线与车体及底盘之间存在相互挤压和摩擦等情况,导致高压部件和导线与车体及底盘之间绝缘电阻下降,造成严重的安全隐患。因此,在新能源汽车的日常检修和维护中,对高压部件和导线与车体及底盘之间绝缘电阻的测量尤为重要。

可用专用的绝缘电阻测试仪来测量高压部件和导线与车体及底盘之间的绝缘电阻,绝缘测试仪如图 1.2.5 所示。该仪表由多个测量挡位、表笔和显示屏等组成。在测量时,首先根据测量对象的绝缘电阻范围,选择合适的测量挡位,然后连接表笔,将两根表笔分别接触需测量绝缘电阻的两个物体,它们之间的绝缘电阻值将显示在绝缘测试仪的显示屏上。与万用表一样,绝缘测试仪在收储时需注意防水防潮,以免其内部腐蚀影响测量精度。

图 1.2.5　绝缘测试仪

3）高压防护用品

在新能源汽车高压操作中,除使用绝缘工具和测量仪表外,还需使用专门的高压防护用品,以进一步保障操作人员安全。常见的高压防护用品包括绝缘操作台、绝缘手套和绝缘靴等,下面分别进行介绍。

（1）绝缘操作台

为保障操作人员安全,新能源汽车检修工作应在绝缘操作台上进行。绝缘操作台是指地面铺设了绝缘装置的操作工位,地面铺设的绝缘装置可在一定程度上对操作人员起到安全保护作用。绝缘操作台周围还应设置警戒线和警戒标识,当进行高压操作时,应拉起警戒线,将警戒标识放置在显眼处,以免无关人员误入操作场地。

（2）绝缘手套

绝缘手套是由橡胶制成的手套,如图 1.2.6 所示。进行高压电操作时操作人员应带上绝缘手套,以起到避免手部接触高压设备和导线的防护作用。绝缘手套具有不同的电压防护等级,应根据操作对象的电压等级选择适合其电压防护等级的绝缘手套。电动汽车高压电最高电压在数百到一千伏,因而需选用电压防护等级在 1 000 V 以上的绝缘手套。

图 1.2.6　绝缘手套

绝缘手套在使用前应检查其气密性,可往手套中吹入空气后密封挤压,观察手套是否漏气,确认手套气密性良好后方可佩戴使用。

（3）绝缘靴

绝缘靴作用与绝缘手套类似,它由绝缘材料制成,将人体与大地隔离开,从而避免在人体与大地之间形成通路,保障高压操作人员安全。绝缘靴可与绝缘手套和绝缘工作台同时使用,为操作人员提供多重安全保障。

第 **2** 章
汽车结构认知实验

2.1 汽车总体结构认知实验

2.1.1 实验目的

①通过对各类型车辆整车和零部件实物的观察,加深学生对汽车构造课堂教学内容的理解,建立他们对不同类型车辆整车及主要零部件结构的系统性认知。

②熟悉并掌握车辆各总成的功能和不同的结构类型,以及各总成在车辆中的安装位置。

③熟悉并掌握车辆各总成相互之间的连接关系和连接方式,与汽车构造理论知识对照,加深学生对相关内容的理解。

2.1.2 发动机总体构造与认知

学生在本部分通过对发动机剖切实物以及发动机各主要零部件实物的观察,掌握发动机总体构造及各主要零部件的知识。并通过实物的观察,掌握发动机各组成部分之间的装配关系及其工作原理。

经过部分剖切的发动机实物如图 2.1.1 所示,通过对汽车构造的学习,我们知道发动机由机体组,曲柄连杆机构和配气机构等两大机构,以及燃油供给系、启动系、点火系、冷却系和润滑系等五大系统组成。结合图 2.1.1 所示的发动机剖切实物,大家可尝试在实物上找出发动机机体组以及两大机构和五大系统,并观察它们的连接方式和工作原理。

在对发动机整机结构进行认知之后,我们继续结合具体的发动机零部件实物,进一步认识发动机各组成零部件的结构和工作原理。

图 2.1.1　经过部分剖切的发动机实物

1）机体组

机体组由气缸盖、气缸盖罩、气缸垫、气缸体以及油底壳等几部分组成，其拆分后的实物如图 2.1.2 所示。机体组构成发动机整体轮廓形状，发动机所有的零件和附件基本都安装在机体组上，可以说机体组是发动机两大结构和五大系统的安装基础。发动机与车辆之间的连接点也位于机体组上，此外，支撑发动机曲轴运转的轴承也安装于机体组上。发动机运行过程中的各种载荷通过轴承传递到机体组，因而机体组承受着发动机运行过程中的各种载荷。机体组装配好后，发动机内部缸体处于密封状态，为工质燃烧做功提供了条件。

气缸盖罩

气缸盖

气缸垫

气缸体

油底壳

图 2.1.2　发动机机体组结构

通过对图 2.1.2 所示发动机机体组实物的观察，了解发动机机体组各主要部件的功能，思考并理解发动机两大机构和五大系统与机体组之间的安装关系。

2）曲柄连杆机构

曲柄连杆机构由活塞组、连杆组和飞轮组等主要部分组成。曲柄连杆机构中的活塞组承受混合气在燃烧室内燃烧产生的压力，在连杆组和缸体的共同约束下，在气缸内进行往复运动。连杆组与活塞连接，将活塞的往复运动转换为曲轴的旋转运动，进而通过曲轴对外输出扭矩。曲轴输出的扭矩通过传动装置传递到车轮，从而驱动车辆运行。曲柄连杆机构中的活塞组和连杆组结构如图 2.1.3 所示,曲轴结构如图 2.1.4 所示,下面将分别进行详细介绍。

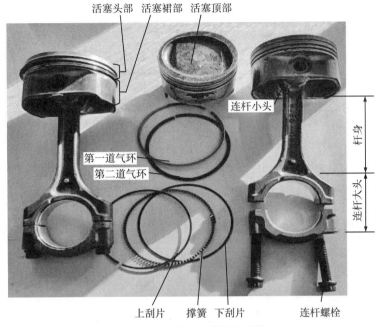

图 2.1.3 活塞组和连杆组的结构

（1）活塞组

活塞组如图 2.1.3 所示,主要由活塞体、气环、油环和活塞销等部分组成。活塞顶部的凹陷部分是燃烧室的一部分,与气缸顶部一起组成完整的燃烧室,活塞头部有几道环形凹槽,气环和油环装配在这些凹槽内。气环安装在接近活塞顶部的地方,它一方面起到密封燃烧室的作用,防止燃烧室内的可燃混合气和高温燃气跑到曲轴箱内;另一方面也起到传热作用,可将活塞顶部接近高温燃气部分的热量传递给气缸壁,避免活塞头部过热。

油环通常由上刮片、下刮片和位于两个刮片之间的撑簧组成,安装在离气缸顶部较远的凹槽中。在发动机运行过程中,曲柄连杆机构将油底壳中的机油搅动,部分机油飞溅到气缸壁上。活塞往复运动时,油环刮动飞溅到气缸壁上的机油,从而在气缸壁上涂抹上一层均匀的油膜,实现对活塞、活塞环和气缸壁的润滑,使活塞往复运动更为顺滑。同时,油环还刮除了气缸壁上多余的机油,防止多余机油进入上部的燃烧室。如果机油进入燃烧室,将产生烧机油现象,发动机排放变差,产生大量浓烟,同时燃烧室和火花塞等会因机油燃烧而产生大量积碳,影响发动机正常运行。活塞裙部主要起到散热作用,同时裙部内有连接装置,通过活塞销将活塞与曲柄组连接在一起。

（2）连杆组

连杆组由连杆体、连杆盖、连杆螺栓和连杆轴承等部分组成,如图 2.1.3 所示。连杆体包含连杆小头、连杆大头和杆身等几个部分,连杆小头通过活塞销与活塞裙部连接,活塞往复运动时连杆小头可绕活塞销转动。滑动轴承分为两半,一半安装在连杆大头内,一半安装在连杆盖内。连杆大头和连杆盖分别安装半片滑动轴承后可与曲轴上的轴颈配合,然后用连杆螺栓将连杆盖和连杆大头固定在一起,从而实现连杆大头一端与曲轴连接。活塞往复运动时,其往复运动通过连杆转化为曲轴的旋转运动,实现发动机动力输出。

(3)曲轴飞轮组

曲轴飞轮组由曲轴、飞轮、扭转减震器、皮带轮和正时齿轮等部分组成,曲轴两端通过轴承安装在发动机机体组上,活塞的往复运动通过曲柄连杆组和曲轴飞轮组的共同作用转化为曲轴的旋转运动,实现发动机扭矩输出。可以看出,曲轴飞轮组是发动机实现工作循环、完成动力输出的主要运动部件。飞轮具有很大的惯性,其作用是增加曲轴飞轮组旋转运动的稳定性,飞轮通过扭转减震器与曲轴端部的法兰盘连接。曲轴是曲轴飞轮组的主要零件之一,其具体结构如图 2.1.4 所示。

图 2.1.4　曲轴的具体结构

3)配气机构

四冲程发动机各个气缸需在不同的时间进气和排气,需配气机构按一定时序对各气缸进、排气进行控制。配气机构组成及原理如图 2.1.5(a)所示,配气机构实物照片如图 2.1.5(b)所示,主要由气门组和气门传动组两大部分组成,下面将分别进行详细介绍。

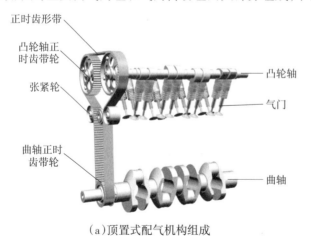

(a)顶式配气机构组成　　　　　　(b)顶置式配气机构

图 2.1.5　配气机构组成

(1)气门组

气门组由气门、气门弹簧、上下气门弹簧座、气门导管和气门锁夹等组成,主要零件如图 2.1.6 所示。气门呈喇叭状,由气门传动组驱动按一定时序开启和关闭气缸上的气门。气缸上有进气和排气两组气孔,因而气门也分为进气门和排气门,结构类似。气门与高温燃气直接接触,且动作频繁,对密封性要求高,因而对材料和工艺要求较高。

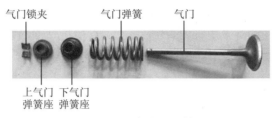

图 2.1.6　气门组零件

（2）气门传动组

气门传动组由凸轮轴、正时齿轮、挺柱、导杆和推杆等组成,凸轮轴是其主要零件,如图2.1.7 所示。凸轮轴的一端安装有正时齿轮,通过链条与曲轴上的正时齿轮连接,两个正时齿轮之间的传动比为 2∶1,因而凸轮轴以曲轴一半的转速运转。凸轮轴上针对每个气缸分别设置进气凸轮和排气凸轮,用于驱动进气门与排气门,与其他传动机构配合,使进、排气门开启和关闭的时序与气缸进气和排气冲程配合,发挥气缸进、排气的功能。发动机有多少缸,则凸轮轴上就有多少对进、排气凸轮,如图 2.1.7 所示,为一个六缸发动机的凸轮轴。可结合气门传动组其他零件实物,进一步掌握气门传动组工作流程。

图 2.1.7　气门传动组

4）燃油供给系

燃油供给系的主要作用是给发动机工作供给燃油,由于汽油和柴油具有不同的物理和化学特性,且汽油发动机和柴油发动机燃烧方式有所不同,因而汽油发动机和柴油发动机的燃油供给系在结构和功能上也有所不同。下面对汽油发动机燃油供给系和柴油发动机燃油供给系分别进行介绍。

（1）汽油发动机燃油供给系统

汽油发动机燃油供给系主要包括油箱、油量传感器、油量表、油泵、油管、滤清器和油气分离器、喷油器等主要零部件,如图 2.1.8 所示。燃油供给系设置有油箱用于存储燃油以保证车辆具有一定的续驶里程,油箱存储的燃油量根据车辆的不同而有所不同。油箱内设置有油量传感器,用于检测剩余的燃油量,剩余燃油量通过仪表盘上的油量指示表显示。油箱内的燃油通过油泵泵出,沿油管流经燃油滤清器和油气分离器,去除燃油中的杂质和气体,然后进入喷油器。喷油器在发动机电控系统控制下以一定时序和数量喷射燃油,与从进气口进来的空气混合形成可燃混合气,然后再进入燃烧室。

燃油喷射器通过发动机电控系统可精确控制喷油时间和喷油量,从而满足发动机不同工况对燃油的需求。有的发动机燃油喷射器将燃油喷射到进气管道内,形成可燃混合气后再进入燃烧室,也有的发动机采用缸内直喷的方式,直接将燃油喷射到燃烧室内,这两种方式各有其技术特点,可参阅相关书籍进一步掌握相关知识。

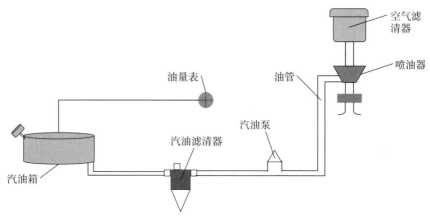

图 2.1.8　汽油发动机燃油供给系统

（2）柴油机燃油供给系统

柴油发动机燃油供给系统由油箱、油水分离器、油泵、油管、燃油滤清器、高压油管和喷油器等主要部件组成,如图 2.1.9(a)所示。与汽油发动机类似,柴油发动机油箱用于存储柴油,以保证车辆具有一定的续驶里程。油箱内的柴油通过油泵泵入管道,经油水分离器和燃油滤清器等去除杂质和水分,进入高压油管,然后通过喷油器喷入燃烧室。与汽油机不同,柴油机压缩功率比较高,因而需更大的喷油压力,柴油供给系统的油泵、高压油管和喷油器等具有更高要求,这些关键部件在结构和性能上与汽油机有较大不同。

在电控系统控制下,柴油机燃油喷射系统能将增压和过滤后的高压清洁柴油按一定规律喷入燃烧室,喷油的时刻和喷油量可精确控制。每个气缸在其一个工作循环内均喷油一次,各缸之间的喷油次序与它们的工作次序一致。采油机的喷油泵具有调节系统,能根据负荷变化自动调节循环供油量,以保证柴油机稳定运转。喷油泵实物照片如图 2.1.9(b)所示,可查阅其他资料进一步了解和掌握喷油泵的具体构造和工作原理。

柴油发动机高压油管和喷油器如图 2.1.9(c)所示,发动机的每个缸均配置一个喷油器,图中为 4 缸柴油发动机,因而有 4 个喷油器。高压油管是一个钢制管道结构,以承受高压,柴油机电控系统通过对高压管道内部油压和喷油器喷油时间的控制,可精确控制喷油的时刻和喷油量。由于柴油发动机采用压燃方式,因而柴油通常直接喷入燃烧室内。

5）发动机冷却系统

发动机冷却系统可分为水冷和风冷两种,只有少部分发动机采用风冷系统,如摩托车上的二冲程发动机,其特点是发动机壳体上会铸造出片状的散热结构,以便增大散热面积。与风冷结构相比,水冷系统冷却效率更高,散热量更大,车用多缸四冲程发动机冷却需求较大,几乎都采用水冷系统。

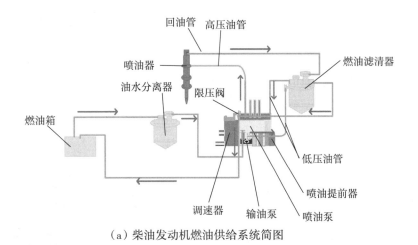

（a）柴油发动机燃油供给系统简图

（b）喷油泵　　　　　　　　（c）高压油管和喷油器

图 2.1.9　柴油机燃油供给系统

发动机冷却系统的主要功能是保障发动机尽可能在适当的温度范围内工作,当发动机持续工作发热量较大时,需及时将多余的热量散出,对发动机进行冷却;当发动机低温启动时,应能够使发动机迅速升温,尽快达到热机状态。水冷系统可很好地实现上面两种功能,而风冷系统则通常只具有冷却功能而不具有加热升温功能,因此风冷系统只适用于要求较低的发动机。

发动机冷却系统通常由水套、节温器、水温传感器、散热器、储水箱、风扇、水泵、百叶窗以及其他附加装置等组成,其原理如图 2.1.10(a)所示。储水箱内部存储有冷却水,冷却水通过水泵泵入发动机机体内的冷却水套,当发动机由于工作大量产热时,冷却水温度便低于发动机机体温度,因而冷却水流经发动机机体水套时会吸收热量而升温。经过水套后冷却水进入车辆前部百叶窗后的散热器,散热器是一组热交换器,散热器风扇吹动空气与散热器内的冷却水进行换热,将冷却水中的热量带走,冷却水温度降低。而后,冷却水在水泵作用下再次进入发动机机体中的冷却水套,进行下一个冷却循环。

当发动机低温启动时,冷却水进入散热器的通道关闭,而通过另外一个不经过散热器的通道回流到水套,这就是小循环模式。在小循环中,冷却水中的热量不通过散热器散失,所以冷却水能够快速升温,进而对发动机其他部分起到加热作用,使发动机迅速进入热机状态,保障发动机正常运行。当温度传感器检测到发动机进入热机状态后,小循环关闭,大循环开启,冷却系统进入冷却状态。

冷却水中设有温度传感器以对水温进行监测,根据水温监测结果调节冷却水流动状态。当冷却水温度过高时,可通过调节风扇和水泵等可控部件增加冷却流量,使发动机温度得到控制。

散热器和风扇通常安装在车辆前部,这样车辆行驶时有利于利用自然风进行冷却,降低风扇能耗。散热器和风扇如图 2.1.10(b)所示。

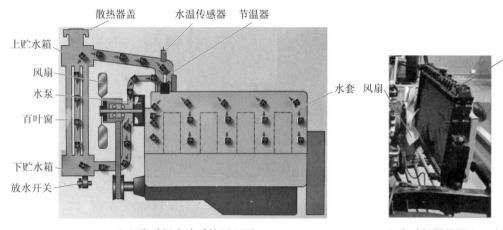

（a）发动机水冷系统原理图   （b）发动机散热器和风扇

图 2.1.10　发动机冷却系统原理图

6)发动机润滑系统

发动机内部有各种运动部件,如果运动部件之间不进行润滑,则发动机内部摩擦力将增大,就会导致发动机运行阻力增加、能耗增加,同时各运动部件磨损增加,影响发动机使用寿命。润滑系统的作用就是在发动机工作时,将油底壳中存储的机油持续不断地输送到发动机内部各运动部件相互摩擦的表面,在运动部件表面形成机油薄膜,实现润滑。运动部件的充分润滑可降低运动摩擦阻力,减小发动机油耗,同时可减少运动部件磨损,提升发动机工作可靠性和寿命。除润滑作用外,发动机润滑系统提供的润滑油还具有带走发动机部分热量的作用,并能带走摩擦件表面灰层、积碳和摩擦产生的粉削等,实现对运动部件的清洁,此外润滑油还具有密封作用。

发动机润滑系统由润滑油、润滑油油泵、机油滤清器、机油冷却器、集滤器、机油压力表、机油温度表和润滑油道等部件组成,如图 2.1.11 所示。发动机内部需润滑的部件包括主轴承、连杆轴承、活塞销、活塞、凸轮轴和曲轴等,润滑方式分为压力润滑、飞溅润滑和脂润滑等。

发动机润滑系统润滑路径如图 2.1.12 所示。通常发动机主要采用机油作为润滑油,发动机底部设有油底壳,在油底壳内存储有一定数量的机油。机油通过飞溅润滑和压力润滑两种方式到达运动部件表面。对于压力润滑路径,机油由油泵抽入润滑油路,经过集滤器和机油滤清器过滤杂质后,通过多条油道到达润滑零部件表面。如图 2.1.12 所示,主油道通往曲轴上的主轴承、连杆轴承、活塞销和活塞等零部件,斜向油道通往中间轴,另有一条油道通往凸轮轴轴颈,润滑油流经润滑部件表面后带走部件部分热量和表面杂质,重新回到油底壳。此外,部分运动部件的全部或一部分会直接浸润在机油中,当运动部件运动时,大量机油飞溅到发动机内部各处,对运动部件实施润滑,在这种润滑方式下,润滑油不通过油泵加压,属于飞溅润滑。

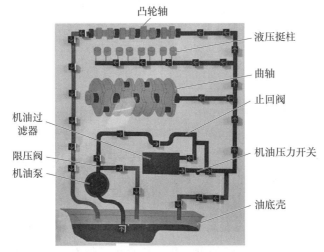

图 2.1.11　发动机润滑系统润滑路径

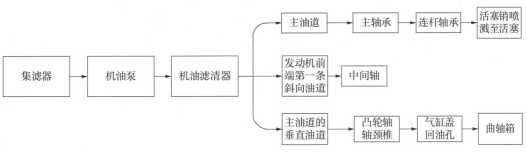

图 2.1.12　发动机润滑油路

7）起动系统

发动机正常运行时,曲轴在燃烧室高压燃气及惯性作用下能连续运转,实现动力的持续输出,但发动机在刚开始起动时,需借助外力让曲轴旋转起来,使其逐渐进入正常运转状态。内燃机常见的起动方式分为人力起动、电机起动和辅助汽油机起动等,车用内燃机常采用电机起动方式。

所谓电机起动,就是在发动机起动时,通过一个电动机带动发动机曲轴旋转,进而使发动机由停止不动进入连续运转状态。这个用于起动发动机的电机称为起动电机,起动电机由蓄电池驱动。车用发动机起动系统的功能,就是在正常使用条件下,由蓄电池电能驱动起动电机,带动发动机以一定的转速运转,当发动机可自行运转时,则起动系统退出工作。

典型的起动系统主要由点火开关、起动继电器、起动电机和蓄电池等部分组成,如图2.1.13 所示。当驾驶员通过车上点火按钮起动车辆时,则点火开关接合,起动继电器啮合,蓄电池驱动起动机运转,起动机输出轴与发动机曲轴上的启动齿轮啮合,带动发动机曲轴运转,从而启动发动机。

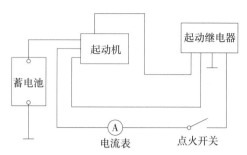

图 2.1.13　起动系统

发动机起动后,起动电机将停止工作,若此时启动电机还与曲轴启动齿轮啮合,则曲轴将带动起动电机转动,这样会缩短起动电机工作寿命。为解决上述问题,通常启动系统还有一套传动装置,在发动机起动时,该装置使起动电机与曲轴上的起动齿轮啮合,实现发动机起动;当发动机正常运转后,该装置将使启动电机与曲轴上的启动齿轮脱离啮合,从而保护起动电机,延长其使用寿命。

8)点火系统

柴油发动机采用压燃方式,而汽油发动机需用点火系统在压缩行程接近终点时点燃混合气。汽油发动机点火系统的作用就是与发动机工作循环配合,在压缩行程接近终点时适时、准确、可靠地在燃烧室内产生电火花,点燃可燃混合气,使其燃烧做功。在采用先进发动机控制系统的发动机中,点火系统点火的时刻可根据发动机不同工况的需求,通过发动机控制系统进行适当调整。

常见的点火系统由蓄电池、点火线圈、电容器、断电器、配电器、火花塞、起动电阻和高压导线等组成,点火系统组成如图 2.1.14(a)所示,点火线圈实物如图 2.1.14(b)所示。

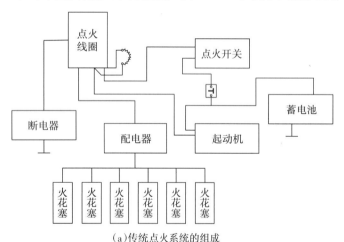

(a)传统点火系统的组成

(b)点火线圈实物

图 2.1.14　发动机点火系统

点火开关闭合发动机工作时,蓄电池和发电机作为点火系统的电源,通过起动开关连接到点火线圈的初级,在点火线圈初级中产生电流并建立磁场。点火线圈是一个利用电磁感应原理产生高压电的装置,它由初级线圈和次级线圈组成,次级线圈匝数更多,用于利用电磁感应原理产生高压电。初级线圈由蓄电池和发电机等电源供电,产生感应磁场,当需点火时,点火线圈初级回路被断电器断开,从而在次级线圈中产生一个用于点火的高压。断电器由发动机凸轮轴驱动,通过合理的传动设置,在每一缸需点火时断电器均将点火线圈初级断开,从而使点火线圈次级产生一个感应高电压。这个高电压通过配电器分配,按各缸点火顺序连接到各缸的火花塞。

火花塞上有两个电极:一个接地;另一个通过配电器连接到点火线圈次级。火花塞两电极间隔很近,点火线圈的次级高压将击穿点火线圈电极之间的气隙,在两电极之间产生火花,从而点燃混合气。

2.1.3　底盘总体构造与认知

底盘是车辆的重要组成部分之一,它是车辆发动机、电子电器设备及各总成部件的安装和支撑基础,形成车辆的主要造型架构。发动机输出的动力经过底盘驱动车辆运行,保证车辆正常行驶。车辆底盘如图 2.1.15 所示,它包括传动系、行驶系、转向系和制动系等系统,下面将分别进行介绍。

图 2.1.15　汽车底盘

1)传动系统

传动系统将发动机动力传递到车轮,并根据车辆行驶工况需求对发动机动力进行变速变矩、倒车时改变动力输出方向、空挡或滑行时断开发动机动力以及转向时实现车轮差速等调节,以保障车辆在不同工况下均能正常行驶,并保证发动机在不同车辆工况下均具有良好的燃油经济性。

传动系统通常包括离合器、变速器、传动轴、差速器和半轴等部分,各主要部件实物如图2.1.16 所示。在四轮驱动的车辆中,车辆传动系统还设有分动器,分动器位于变速器之后,将车辆动力分配到前后车轮,实现四轮驱动。

典型传动系统动力传递路线如图 2.1.17 所示,发动机曲轴输出动力依次经过离合器、变速器、传动轴、减速器、差速器、半轴,最后到达驱动轮,驱动车辆。离合器主要起到结合和断开发动机连接的作用,在变速器换挡、系统制动等情况下可通过离合器断开发动机与传动系统之间的连接。变速器主要起变速、变矩作用,根据车辆不同工况采用不同挡位,保证发动机工作与经济性区域。在倒车时变速器进入倒挡,可改变车轮旋转方向实现倒车行驶。在空挡时,变速器可起到断开发动机动力传递的作用。差速器实现左右车轮不同转速旋转的功能,保障车辆能够顺利转向。传动系各部分具体工作原理及结构详见第 4 章。

驱动轮

发动机

变速器

离合器

主减速器和差
速器   半轴   消声器

图 2.1.16　传动系统各主要部件

发动机 ➡ 离合器 ➡ 变速器 ➡ 传动轴 ➡ 主减速器 ➡ 差速器 ➡ 半轴 ➡ 驱动轮

图 2.1.17　传动系统动力传动路线

2）行驶系统

车辆行驶系统通常由车架、车桥、车轮和悬架等部分组成，如图 2.1.18 所示。车轮直接与地面接触，发动机动力经传动系统传递到车轮，以转矩形式通过车轮作用于地面，在车轮与地面之间产生摩擦力，从而在车辆端产生与摩擦力大小相等方向相反的驱动力，驱动车辆行驶。此外，行驶系统还起到支撑车辆重量的作用，在车身和车轮间传递各种力和力矩，通过减震器缓和地面对车身的冲击，减小震动，保证乘坐舒适性和平顺性。行驶系统还能与转向系统配合，保障转向过程中车辆操稳性。

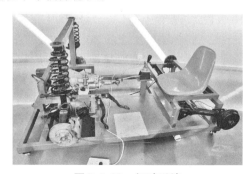

图 2.1.18　行驶系统

行驶系统中的车架是车辆各种零部件的安装基础,起到支撑整个车辆结构的重要作用。车架分为承载式车架和独立车架,对于大多数轿车来说,车架和车身通常是一体化的,称为承载式车架,货车等商用车则采用与车身分离的独立车架。车桥两端安装车轮,与车架之间通过悬架连接,其作用是传递车轮与车架之间各种作用力和力矩。车轮是行驶系统重要部件,它主要用于传递地面和车桥之间的各种力和力矩。车轮通常由轮辋、轮辐、轮毂和轮胎等部分组成,如图 2.1.19 所示。轮胎通常由橡胶组成,是柔性的,可以缓和路面对车辆的冲击和震动。

图 2.1.19　车轮和轮胎实物

悬架是车架与车桥之间的传动装置,通常由弹性元件、减震器和导向机构等主要部分组成。悬架可分为独立悬架与非独立悬架,独立悬架左右车轮可独立运动(如麦弗逊悬架),非独立悬架左右车轮有相互制约的关系,悬架原理图和实物如图 2.1.20 所示。悬架实现车桥与车架之间的柔性连接,用于缓解车轮通过路面所传递的冲击和震动,从而保障车内人员的乘坐舒适性。在转向时,悬架对车辆操稳性也有重要影响。

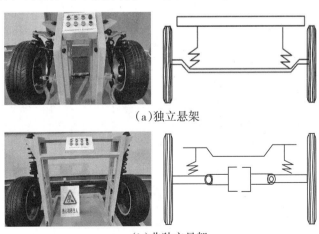

(a)独立悬架

(b)非独立悬架

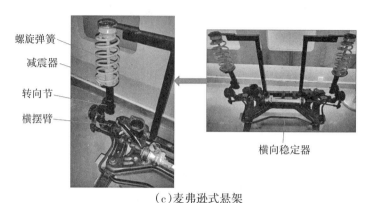

螺旋弹簧

减震器

转向节

横摆臂

横向稳定器

（c）麦弗逊式悬架

图 2.1.20　悬架原理图和实物

3）转向系统

转向系统可将驾驶员对方向盘的操作传递到车轮,实现车辆按驾驶员操作意图转向。为减小驾驶员操作方向盘所需的力,方便操作,转向系通常配备转向助力系统,现代车辆的转向系统基本都有助力装置。根据助力装置的动力类型,可分为电动助力转向系统和液压助力转向系统。转向器将转向盘转向运动转化为转向横拉杆的直线运动,同时它具有很大的传动比,能够起到减速增力的作用。如果转向器采用齿轮齿条等机械装置,则这样的转向系统称为机械式转向系统;若转向器采用液压系统实现其功能,则这样的转向系统称为动力转向系统。

机械转向系统主要包括转向操纵机构、转向器和转向传动机构等几大部分,其转向传动路线如图 2.1.21（a）所示。从图中可以看出,方向盘通过万向传动轴与转向器连接,转向器输出端通过转向梯形臂与车轮连接。当驾驶员转动方向盘时,方向盘的转动通过传动轴和万向传动装置传递到转向器输入端,并通过转向器将方向盘旋转运动转化为转向器输出端转向横拉杆的横向直线运动。转向器输出端直线运动的距离与转向盘转动角度成正比。转向器输出端转向横拉杆的运动,通过转向梯形臂传递到转向轮,使车轮绕主销转动,从而实现车辆转向。车轮转向的角度与方向盘转动角度成比例关系,从而使车辆转向弧度符合驾驶员预期。

转向器起到将方向盘通过传动轴传递来的旋转运动转换为转向横拉杆直线运动的作用,同时转向器具有很大的传动比,能起到减速增力的作用,从而在保证方向盘转向轻便性的同时使转向器输出端的力足够大,能够转动车轮。转向器有多种结构类型,常见的有循环球式转向器和齿轮齿条转向器等,齿轮齿条转向器实物如图 2.1.21（b）所示。转向柱、万向传动装置和转向横拉杆等转向系统主要零部件如图 2.1.21（d）—（e）所示。

虽然转向器具有减速增力,降低方向盘转向,操纵力矩,方便驾驶员操作的作用,但由于车轮与地面之间摩擦力较大,如果没有其他助力装置,则方向盘上的转向力矩还是比较大,驾驶员操作会比较吃力,对商用车来说尤其如此。为使转向盘的转向操作进一步轻便化,方便驾驶员操作,可采用液压系统来实现转向器功能,这就是动力转向装置。动力转向装置主要由转向油罐、液压泵、转向控制阀和转向动力缸等部分组成,如图 2.1.22(a)所示,图 2.1.22(b)是转向液压油罐实物。

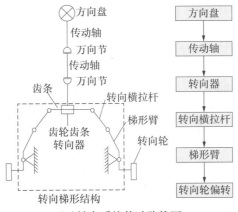

(a)转向系统传动路线图

(b)齿轮齿条转向器实物

(c)转向柱

(d)万向传动装置

(e)转向横拉杆

图 2.1.21　转向系统相关原理图

　　动力转向装置工作原理如下:转向时驾驶员转动方向盘,方向盘的转动经过万向传动轴传递到转向控制阀,带动转向控制阀转动。转向动力缸是一个双向作用的液压缸,它中间有一个活塞,活塞两侧都有液压腔,活塞连接着转向横拉杆。当转向控制阀动作时,转向动力缸活塞某一侧的液压腔接通转向液压油罐,转向液压油罐中的压力油进入油腔,推动活塞运动,进而带动转向横拉杆运动,实现车轮绕主销转动。可以看出,动力转向装置实现了类似机械转向系统中转向器的功能,但它与机械转向器相比具有更强的助力效果,能够使驾驶员的转向操作更轻便。

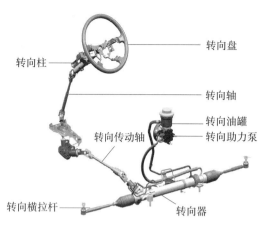

（a）动力转向装置原理图　　　　　　　　（b）转向液压油罐

图2.1.22　动力转向装置原理图及主要部件

4）制动系统

制动系统能使行驶中的汽车减速停车，在驻车时使汽车稳定可靠地原地停住。典型的制动系统由功能装置、控制装置、传动装置和制动器四个基本部分组成，此外，有的制动系统还配备有制动力调节装置、报警装置和压力保护装置等。制动系统原理及组成如图2.1.23所示。

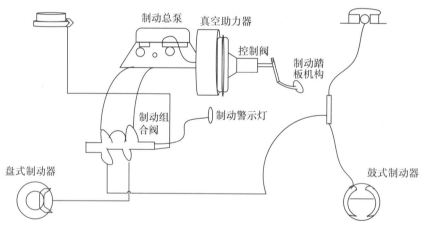

图2.1.23　制动系统原理简图

如图2.1.23所示，制动系统由制动踏板、控制阀、真空助力器、制动总泵、制动组合阀和制动器等部分组成。制动器根据不同结构可分为盘式制动器、鼓式制动器两种类型。制动器及制动片与车身及车桥连接，通过与车身固定连接的摩擦片与车轮等旋转部件连接的旋转元件之间的摩擦力使车轮及其连接的旋转部件制动，从而实现车辆减速或停止。

当制动器未工作时，制动器摩擦片与车轮等旋转部件之间有间隙，车轮及其连接的旋转部件可自由转动。当驾驶员踩下制动踏板时，制动控制阀动作，通过真空助力器使制动阀动作，液压油进入制动轮缸，进而推动制动摩擦片与车轮上旋转部件接触产生摩擦阻力，实现制动。当驾驶员放开制动踏板时，摩擦片在复位弹簧作用下恢复至非制动状态的位置，与旋转部件脱离接触，制动摩擦力消失，从而解除制动。

2.2　车身结构与认知实验

2.2.1　实验目的

车身结构认知实验的实验目的包括以下 3 点：

①与汽车构造车身部分理论知识相结合，使学生更加深刻地理解汽车构造车身部分的相关内容，建立汽车车身感性认识，将理论与实物联系起来；

②明确车身各部分结构及功能，了解车身各组成部分之间的关系，掌握不同类型汽车车身结构的一般规律；

③认识和了解不同汽车车身的类型，认识和了解汽车车身的主要部件。

2.2.2　承载式车身结构与认知

1）车身的组成

车身由车身壳体、车门、车窗、车前板制件、车身外部装饰件、车身内部覆盖件、座椅、空调、暖气和通风等部分组成。车身壳体按其受力方式可分为非承载式车身、承载式车身和半承载式车身等几大类。车身按在车上所处位置可分为车身前部、车身中部和车身后部等几部分，如图 2.2.1 所示。

图 2.2.1　实体车身实物图

图 2.2.2 为车身前部，车身前部的部件包括前保险杠、前围板、发动机罩、前纵梁和前挡风玻璃等；车身中部包括立柱、门槛、车顶和车门等结构；车身后部包括行李箱盖、后保险杠和后翼子板等，如图 2.2.3 所示。

2）承载式车身

家用乘用车通常采用承载式车身，它的主要特点是，没有专门用于安装发动机和底盘各总成的车架，车身和车架合为一体，车身承担车架的主要功能，作为发动机和底盘各总成的安装载体，并承受全部载荷。典型承载式车身如图 2.2.4 所示。

（a）前部正面

（b）前部侧面

图 2.2.2　车身前部

图 2.2.3　车身后部

承载式车身具有以下优点：

①非承载式车身具有专门的大梁，用于安装车辆动力系统和底盘部件，并承受相关载荷，因此非承载式车身质量较大，适用于商用车等体积和质量及载荷较大的车辆。与之相比，承载式车身没有大梁结构，重量更小，燃油经济性更好，车辆重心也更低，有利于增加车

辆的稳定性。

②在车辆发生碰撞等事故时,承载式车身前后车架将发生溃缩,吸收碰撞能量和冲击,对车内成员起到保护作用,因而其安全性比非承载式车身更好。

承载式车身具有如下缺点:

①由于承载式车身没有专用的大梁,因而承载式车身抗扭性能较非承载式车身差一些。在遇到恶劣路况或者载荷较大时,承载式车身抗弯扭能力不如非承载式车身。

②采用非承载式车身时,车辆动力系统及底盘和其他零部件通常通过螺栓连接在车辆大梁上,便于拆卸维修。承载式车身由于没有大梁,车身各部件常通过焊接方式连接,不便拆卸,维修较为复杂。

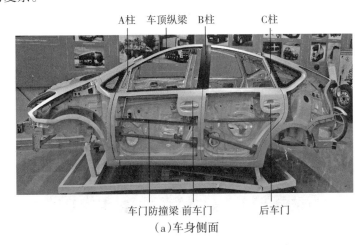

（a）车身侧面

（b）车身前部　　　　　　　　　　（c）车身内部

图2.2.4　承载式车身

3）车门、车窗及其附件

车门有多种结构类型,可按多种分类标准对其进行分类。按开启方式,可将车门分为顺开式、逆开式、上掀式、外摆式、折叠式和水平滑移车门等类型,其中顺开式车门具有较高的安全性,所以被广泛采用,常见的乘用车车门大部分都是顺开式车门。

车窗的主要作用是通风和采光,增加车内乘坐舒适性,也便于车内乘员观察车辆外部。车窗通常包括前后车门车窗和车辆顶部天窗等。车窗通常配置可开启和关闭车窗玻璃,乘员可通过控制玻璃开启和关闭车窗。

车身有很多附属装置,这些附属装置都具有各种行车功能,是车辆的重要组成部分。常见的车身附属装置包括后视镜、窗体玻璃、玻璃升降装置、雨刮、各类车灯、通风、暖风和制冷装置等。

车身上还有很多安全防护装置,可分为车外防护装置和车内防护装置。车外防护装置包括前后保险杠和防撞梁等其他外部安全防护构件。车内防护装置包括安全带、各种安全气囊、安全玻璃、头枕、门锁与铰链等。安全气囊在平时处于收起状态,隐藏于车身内部装饰覆盖件中。当车辆发生碰撞事故,车辆加速度超过一定限值时,安全气囊就会启动后弹出,对车内乘员起到保护作用。安全气囊弹出后如图2.2.5所示。

图 2.2.5　安全气囊

2.2.3　非承载式车身结构与认知

1)非承载式车身结构特点

非承载式车身的典型标志是具有刚性车架,用于安装动力传动装置及底盘部件,承受相关载荷,而车身功能则被相对简化。非承载式车身的车架由刚性的横纵梁连接组成,动力传动系统、悬架和车身都安装固定在车架上。非承载式车身通常通过螺栓与刚性车架连接,也可通过焊接或者铆接等方式连接。非承载式车身结构如图2.2.6所示。

2)非承载式车身的优缺点

非承载式车身的优点主要体现在以下几方面:

①非承载式车身由钢结构组成车架,具有很强的刚性和强度,能承受更大的部件质量和载重,也能承受更大的外部冲击。对于自身车重较大或者载重较大、可能行驶于恶劣路况的商用车和越野车等大型车辆来说,采用非承载式车身更为合适。

②当车辆行驶于恶劣路况时,四个车轮受力不均匀将使车身受到较大的弯扭作用力,采用非承载式车身,这种弯扭作用力将由车架承担,而不会传递到车身,有利于增加车辆结构件的疲劳耐久性能。所以,SUV和越野车等可能行驶于恶劣路况的车辆常采用非承载式车身结构,非承载式车身结构在大型客车中的应用也较多。

（a）非承载式车身的车架

（b）非承载式车身壳体与车架

图 2.2.6　非承载式车身结构图

③非承载式结构的车身和车架之间通过悬架的弹性元件连接,能够从一定程度上缓解路面对车辆的冲击和振动,因而在恶劣路况行驶时其平顺性也相对承载式车身好一些。

非承载式车身具有如下缺点:

①当车辆由于各种危险因素发生侧翻或翻滚时,厚重且刚性较大的车架将对较为薄弱的车身壳体和乘员舱产生较大冲击,导致其撕裂、变形等,对驾乘人员造成致命危险。

②非承载式车身质量大,材料成本更高,车辆油耗也更大。

③采用非承载式车身的汽车质心更高,车辆重心相对采用承载式车身结构的车辆更高,更容易发生侧翻等事故。

3）非承载式车身的驾驶室

大多数货车均采用非承载式车身,非承载式车身有专门的大梁用于动力系统、底盘及其他部件的安装,并承受相关载荷。对于采用非承载式车身的车辆来说,车身结构比较简单,通常只包括驾驶室部分。非承载式车身的驾驶室没有明显的骨架,由内部板件焊接成壳体,外部通过覆盖件覆盖整个驾驶室表面。此外,非承载式车身的驾驶室也有车门、车窗、外部覆盖件和内部装饰件等部件。车身通常通过 3 点或者 4 点弹性悬置与车架相连接。

非承载式车身的驾驶室壳体如图 2.2.7 所示,在纵向方向,它的受力构件包括门槛和边梁等;在横向方向,它的受力构件包括前上横梁、前下横梁、后围上横梁和地板横梁等;在垂直方向,它的受力构件主要是立柱。驾驶室壳体还包括地板、前围板、前围上盖板、前围侧盖板、顶盖和后围盖板等覆盖件,用于围合和封闭驾驶室。

图 2.2.7　非承载式车身驾驶室

2.3　新能源汽车结构与认知实验

2.3.1　实验目的

①通过对新能源汽车及其关键部件实物的观察,加强学生对新能源汽车的认识。

②通过观察,以及结合汽车构造相关部分的学习,学生能了解和掌握新能源汽车各关键组成部分的功能及工作原理和连接关系等。

③通过学习学生能了解和掌握新能源汽车不同结构类型的优缺点,更加深刻地理解发展新能源汽车的重要意义。

④了解和掌握新能源汽车与传统内燃机汽车的区别和联系。

2.3.2　混合动力汽车结构与认知

混合动力汽车是指可采用两种不同类型动力源驱动的车辆,它可根据行驶工况或车辆状态的不同,选择合适的动力源或者两个动力源共同驱动车辆,通过利用两种动力源的特性实现优势互补,从而降低综合能耗。混合动力汽车与传统燃油车的区别主要在于其动力传动系统。混合动力电动汽车是指同时具有内燃机和电动机,能采用燃油和动力电池存储的电力两种能量源进行驱动的车辆。

混合动力电动汽车可充分利用电机和内燃机两个动力源的特性,在不同工况下通过合理选择动力源,实现优势互补,提升能源的综合利用效率。在制动和下坡等特殊工况,还可以利用电机回收能量给电池充电,从而进一步增强节能效果。相比纯电动汽车,混合动力电动汽车具有以下优点:

①相比纯电动汽车,混合动力电动汽车不需要很大的动力电池,因而其车辆重量更轻,

经济性和动力性相对更好。

②电池电量充足时可以纯电驱动,电池电量不足时可以以燃油驱动为主,解决了纯电动汽车里程焦虑的问题。

③充分利用两种动力源,可以优化电池组充、放电状态,实现电池组浅充浅放,电池组寿命更长。

混合动力电动汽车由于具有两种动力源,因而其动力传动系统结构更为复杂,开发及控制难度更大,技术复杂性更高,这是其相对纯电动汽车来说不足的一面。

混合动力电动汽车兼具两种动力源,具有多种耦合与组合方式,因而呈现出丰富多彩的结构类型,主流汽车厂家都在开发具有自主知识产权的混动构型,进一步推动了混动构型的多样化。根据两种动力源的连接关系,混合动力电动汽车可分为串联式、并联式和混联式三大结构类型,它们具有不同的特点,下面分别进行介绍。

(1)串联式混合动力系统

串联式混合动力系统主要由发动机、发电机、动力电池、电力耦合设备和电动机等动力部件组成,其结构如图 2.3.1 所示。在串联式混合动力系统中,发动机和发电机通过机械方式连接在一起,发动机驱动发电机发电。发电机发出的电能和动力电池的电能通过电力耦合设备耦合后,供给驱动电机,驱动电机通过减速器与车轮连接,实现车辆驱动。可以看出,在串联式混合动力结构中,发动机与车轮之间没有机械连接,发动机只能通过驱动发电机发电,为驱动电机提供驱动电力;车轮与驱动电机之间通过机械方式连接,车轮只能由驱动电机驱动。

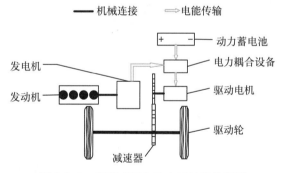

图 2.3.1　串联式混合动力系统结构简图

在串联式混合动力系统中,当电池电量充足、车辆需求功率未超过电池输出功率时,可采用动力电池单独为驱动电机提供电能;当电池电量不足,或者需求功率较大而电池不能满足驱动功率需求时,内燃机启动驱动发电机发电,为驱动电机提供额外的电力补充;同时,当电池电量下降时,内燃机驱动发电机发出的电能还可为电池充电。该系统也可实现制动能量回收功能。

电力耦合设备是串联式混合动力系统的关键设备之一,它的功能包括将发电机发出的交流电转化为直流电,以给动力电池充电;在电池参与驱动时,能将动力电池的直流电转化为交流电,供驱动电机使用;在发电机和电池共同为驱动电机提供电力时,它能将电池电能逆变后与发电机电能共同输送给驱动电机。电力耦合设备可由多台单一功能的设备组合而成,也可是一体化的多功能设备。

串联式电动汽车中动力电池和内燃机驱动的发电机组通常都应具有单独驱动车辆的能力,因而这两个部分的功率均较大,导致系统成本较高。且内燃机不能直接驱动车辆,燃油必须转化为电能,之后电能再经过驱动电机转化为驱动车辆的机械能,能量需经过两次转化,从一定程度上影响了系统综合能耗。

串联式系统的优点在于发动机工况与车辆驱动工况实现了解耦,因而无论车辆工况如何,发动机在工作时可始终保持在其效率最高的单一工作点,从而提高发动机工作效率。要充分发挥串联式这一优势,需对动力源参数匹配及其能量管理策略进行合理设计,这也是混合动力汽车开发中的重点和难点。

(2)并联式混合动力系统

并联式混合动力系统结构如图2.3.2所示,它主要由发动机、动力电池、逆变器、驱动电机和动力耦合装置等关键部件组成。其中,发动机输出的机械扭矩与驱动电机输出的机械扭矩通过动力耦合装置,以机械能方式进行耦合。动力耦合装置可适用多种工作模式,包括发动机直接驱动车轮、电机直接驱动车轮、发动机与电机共同驱动车轮和制动能量回收等。可以看出,并联式混合动力系统与串联式系统最大的不同在于,发动机与车轮之间具有机械连接,发动机可单独驱动车轮,也可与驱动电机一起共同驱动车轮。这种结构方式的优点在于保留了发动机直接驱动车轮的常规动力传递路径,避免了串联式方案中燃油必须转化为电能再转化为机械能的弊端。在电池电量不足或者车辆需求功率较大时,发动机可与驱动电机共同驱动,为车辆提供充足的驱动扭矩。当电池电量不足时,驱动电机也可在发电模式下工作,此时发动机一部分输出功率用于驱动车轮,另一部分功率用于驱动电机发电,给电池充电。

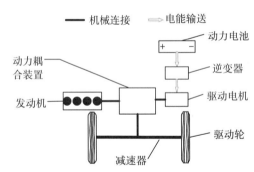

图 2.3.2　并联式混合动力系统结构简图

可以看出,动力耦合装置是并联式混合动力系统的关键部件,它能实现两动力源之间的灵活动力分配和组合,实现并联式混合动力系统多种工作模式之间的切换。动力耦合装置具有多种不同的结构类型,不同厂家开发了具有专利技术的不同动力耦合装置。开发高效、可靠、功能多样和成本可控的动力耦合装置,是混合动力系统开发的核心内容之一。

此外,并联式混合动力系统具有多种工作模式,如何根据不同车辆工况和电池、电量等内部状态合理地在工作模式之间进行切换,则是混合动力系统能量管理策略需解决的问题。合理地进行动力系统参数匹配,配合合理的能量管理策略,能实现系统高效运行,达到降低能耗的目的。可以看出,系统参数匹配和能量管理策略的开发决定着系统的节能效果,在混合动力系统开发中具有重要作用。

并联式混合动力系统的缺点是,发动机工作点与车辆工况之间存在相关性,发动机无法长期工作在燃油经济性最好的工作点。但通过合理的系统参数匹配和适当的能量管理策略,能使发动机尽可能工作在其高效率区间附近。

(3)混联式混合动力系统

混联式混合动力系统同时具有串联式和并联式两种结构的特点,其结构如图2.3.3所示。该系统主要由发动机、动力电池、电力耦合设备、驱动电机、动力耦合装置和发电机等主要部件组成。动力耦合装置可实现发动机与驱动电机机械能的耦合和分配,将两者输出的机械能耦合后共同驱动车轮,或者实现发动机和发电机单独驱动功能,这与并联式混合动力装置中动力耦合装置的功能类似。同时,动力耦合装置还能将发动机部分机械能用于驱动发电机,发电机发出的电能和动力电池的电能通过动力耦合设备进行耦合后,共同供给驱动电机。或者发电机发出的电能经过电力耦合设备分配,一部分用于驱动电机,另一部分用于给电池充电。电力耦合设备的功能与串联式系统中的设备功能比较类似。

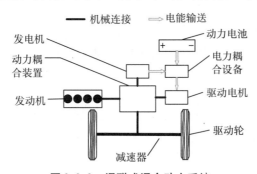

图2.3.3　混联式混合动力系统

可以看出,混联式混合动力系统同时具有串联式系统的电力耦合功能,也具有并联式系统的机械耦合功能,从而使系统功能和工作模式更加多样化,带来了更多的灵活性。同时,由于工作模式的增多、系统结构的复杂,使得系统的设计开发、能量管理变得更加复杂,技术难度更高,系统成本也相应增加。

2.3.3　纯电动汽车结构与认知

1)纯电动汽车的概念

纯电动汽车是指采用电机代替内燃机驱动的车辆,在电动汽车中,电机的能量来源可来自以锂电池为代表的储能电池,也可来自燃料电池。纯电动汽车的动力传递路径如图2.3.4所示,纯电动汽车的动力传动系统主要由车载充电机、电池系统、逆变器、驱动电机、减速器和DC-DC等几部分组成。电动汽车可通过车载充电机连接外部交流电源给动力电池充电,如果有专用的充电桩,也可直接连接外部充电桩进行直流充电,通常专用充电桩充电功率较大,充电速度比车载充电机更快。

电池系统由动力电池本体和电池管理系统(Battery Management System,BMS)组成,电池本体是由单体电池串、并联组成以满足电动汽车驱动电压、功率和能量需求,电池管理系统负责电池管理,并通过车载通信网络将电池状态发送到 VCU 和车辆仪表等相关部件。动力电池与电机逆变器连接,逆变器将动力电池直流电转化为驱动电机需要的交流电,交流电连接到电机上从而使电机输出动力。电机动力通过减速器、差速器和半轴到达车轮,驱动车辆运行。

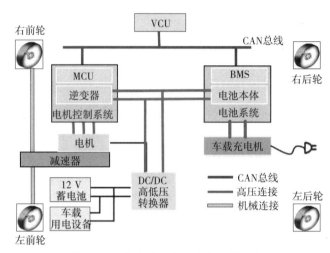

图 2.3.4　纯电动汽车的动力系统结构

2)纯电动汽车的特点

纯电动汽车动力系统的核心部件是驱动电机和动力电池,驱动电机相当于传统内燃机汽车中的内燃机,它是动力源,实现将电能转化为机械能以驱动车辆。动力电池相当于传统内燃机汽车中的油箱,它用于存储电能,供驱动电机使用,电池存储电能的数量决定了车辆的续驶里程,当电池能量耗尽时需进行充电。

纯电动汽车具有以下优点:

①与传统燃油车使用汽油或柴油驱动不同,纯电动汽车使用电能驱动,汽油、柴油等化石燃料属于不可再生资源,储量有限,且汽油、柴油在燃烧过程中释放大量二氧化碳及其他污染气体,对环境危害较大。我国石油对外依存度较大,使用化石燃料驱动车辆对能源安全将产生不利影响。而电能来源广泛,除使用煤等发电外,还可使用水力、太阳能、风能和核能等清洁无污染的形式发电,在大力发展电动汽车的同时,大力发展清洁无污染的发电技术,改善电能结构,将从根本上解决污染和排放问题,对实现碳中和具有重要意义。

②纯电动汽车结构比传统燃油车简单,尤其是动力系统方面,发达国家在内燃机及其传动系统领域拥有百年技术积淀,领先优势明显。在电驱动领域,我国的技术与国外技术差距相对没有内燃机那么大,可利用后发优势,实现汽车工业跨越式发展,形成相对比较优势,缩小与发达国家在汽车技术领域的差距。

③纯电动汽车就车辆自身性能来说也有很多燃油车比不上的优点。首先,电机可在大转速范围内高速运行,并输出大扭矩,传动系统大大简化;其次,电机运行噪声小,有利于提升车辆舒适性;再次,电机在低速时就能输出最大转矩,在起步及加速等动力性方面拥有内

燃机难以比拟的优势,电动汽车往往具有更强的动力性。

当前阶段,受技术发展水平的制约,纯电动汽车也存在一些缺点和不足,主要体现在以下几个方面:

①首先,受制于电池技术水平,动力电池成本较高,提高了纯电动汽车整车成本。其次,动力电池能量密度还不够高,因此纯电动汽车的续航里程较短,整车重量较重,对车辆经济性有一定影响。再次,动力电池充电时间较长,一定程度上影响了用户的使用体验。以上问题都有待电池技术进一步发展,开发低成本、高能量密度和充电迅速的新一代电池成为纯电动汽车发展的重要方向。

②纯电动汽车的推广和使用需要充电基础设施等配套资源的支撑,当前我国充电基础设施建设方面已取得了较大发展,但总体来说充电不便的问题还没有得到很好的解决,特别是在节假日等高峰时段,充电等待时间长让车主难以接受。大力建设充电站等相关配套设施,让车主不再为充电焦虑,是促进电动汽车发展的重要方面。

③纯电动汽车中的动力电池、电力电子器件等含有大量重金属及其他有害物质,这使得纯电动汽车的报废回收等成为亟须解决的重大课题。当前纯电动汽车发展年限较短,保有量还不大,还没有出现大量纯电动汽车集中退役报废的情况。随着电动汽车市场占有率的提升和保有量的增大,退役车辆报废时相关重金属和有害物质的回收和有效处理将变得越来越迫切,相关领域有待进一步发展和完善。

总之,纯电动汽车在发展和普及的过程中,也存在一些难点问题尚未解决,但随着技术的发展和进步,相关状况将逐步得到改善,由能源转型这个内驱力驱动的车辆电动化进程将持续推进。

3)纯电动汽车的分类

根据能量源的不同,纯电动汽车可分为采用电网电能的纯电动汽车及采用燃料电池驱动的纯电动汽车。此外,纯电动汽车也可根据其动力传动系统的不同布置方式进行分类。电动汽车动力系统布置方式多种多样,大体上可分为集中式驱动和分布式驱动两大类型。集中式驱动就是在传统汽车驱动系统布置形式的基础上,对动力源及相关附件进行改进,保留差速器,采用一台驱动电机驱动车轮;分布式驱动则不保留差速器,每一个驱动轮配置一个电机(共有2个或4个电机),利用电机调速方便的特点直接控制多个电机转速实现转向差速功能。

常见的电动汽车动力系统布置形式如图2.3.5所示。图2.3.5(a)~(c)为集中式驱动,其中图2.3.5(a)基于传统燃油汽车进行改造,仅将动力源替换为电机,保留了离合器、变速器等传统汽车传动系统部件。该结构改动较小,生产继承性好,开发周期短,但传动系统效率较低,成本较高。图2.3.5(b)则是在图2.3.5(a)的基础上去掉了离合器,利用电机调速进行换挡控制,变速器中的同步器也可去掉,以实现传动系统的简化。图2.3.5(c)则去掉传统的多挡变速器,将电机与定速比减速器、差速器集成起来,做成集中式电驱系统。该系统结构简洁,传动效率高,占用空间小,是当前电驱动系统的重要发展方向。

图2.3.5(d)—(f)为分布式驱动,其中图2.3.5(d)为轮边电机加减速器方案,采用两

个普通电机加减速器布置于两侧驱动轮,去掉了差速器,通过控制两个电机转速实现差速。这种结构虽进一步简化了传动系统机械部件,但也会带来控制方面的难题,高速下转向控制难以稳定,技术上还未成熟。图2.3.5(e)、图2.3.5(f)为轮毂电机结构,为每个驱动轮配置一个轮毂电机,将电机与车轮融为一体。与图2.3.5(d)的方案相比,轮毂电机方案在电机结构和性能上改变较大,存在散热困难、控制难度大等问题,仍处于研究阶段,尚未商用化。

图2.3.5(c)所示的集中式电驱桥为当前市场主流方案,各厂家都在研发自己的集中式电驱产品,相关产品正向着系列化方向发展。可在前轴和后轴分别布置一套集中式电驱系统,以实现四轮驱动。

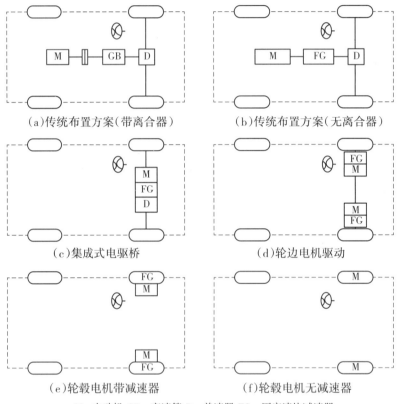

(a)传统布置方案(带离合器)   (b)传统布置方案(无离合器)

(c)集成式电驱桥   (d)轮边电机驱动

(e)轮毂电机带减速器   (f)轮毂电机无减速器

M—电动机,GB—变速箱,D—差速器,FG—固定速比减速器

图2.3.5 电动汽车驱动系统布置形式

将上述方案的优缺点对比整理成表,见表2.3.1。

表2.3.1 各种电驱动系统布置形式优缺点对比

方案	优点	缺点	发展前景
传统布置方案	①与传统内燃机方案类似,生产继承性好、技术风险小;②减震、隔热和冷却类似于传统汽车,易于处理与布置	传动链长,效率略低	①综合成本、技术难度等因素,在相当长时间内还将占据一定份额;②技术成熟度高,供应商多
集成电驱桥方案	①结构紧凑,重量轻,效率高;②占用空间小,方便布置	①整车结构改动大;②簧下质量增加	①应用逐渐增多;②系列化发展

续表

方案	优点	缺点	发展前景
轮边电机方案	①结构紧凑,重量轻,效率高; ②占用空间小,方便布置; ③动力性好; ④电子差速,可全轮驱动和全轮转向	①电子差速控制难度大,高速失稳; ②多电机能量分配与管理复杂,电磁干扰大; ③簧下质量增加	①控制难度大,国内技术成熟度差,相当长时间内难以商用; ②矿用车辆和军用车辆上有一定应用
轮毂电机方案	①效率高,动力性好; ②占用空间小; ③电子差速,可全轮驱动和全轮转向	①电子差速控制难度大,高速失稳; ②多电机能量分配与管理复杂,电磁干扰大; ③车轮空间有限,难于布置,电机冷却困难; ④簧下质量增加	①控制难度大,国内技术成熟度差,相当长时间内难以商用; ②矿用车辆和军用车辆上有一定应用

4)纯电动汽车基本结构

传统内燃机汽车主要包括发动机、底盘、车身和电气设备四大部分。与传统内燃机汽车相比,纯电动汽车没有内燃机,传动系统也大大简化,同时新增了电驱动系统和电源系统等部分。此外,与传统内燃机汽车相比,原来很多由发动机曲轴通过皮带轮驱动的附属系统在电动汽车中实现了电气化,在电气设备和辅助系统方面电动汽车与传统燃油车也有了许多不同之处。总结起来,电动汽车可看成由电驱动系统、底盘、车身和辅助系统四大部分组成。

在车身、底盘等方面,电动汽车与传统燃油车虽在结构方面有所不同,但电动汽车与传统燃油车相比,最大的区别在于电驱动系统和辅助系统等方面,其中电驱动系统又可分为能源系统、电力驱动系统,下面就这几方面分别加以说明。

电源系统、电力驱动系统和辅助系统原理简图如图2.3.6所示。能源系统由动力电池、电池管理系统和充电系统组成。电力驱动系统由电机控制器、逆变器、电机和机械传动系统等组成。辅助系统主要包括一些在传统燃油车中由发动机皮带轮驱动,而在电动车中则转

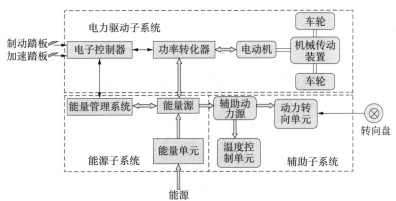

图 2.3.6　电动汽车驱动与辅助系统原理简图

变为由电力驱动的系统,如转向助力和冷却系统等。这些辅助系统可能是高压驱动的,也有 12 V 低压驱动的,电动汽车上 12 V 电源系统通过 DC-DC 电压变换器与动力电池连接,由动力电池供电。

(1)电源系统

电源系统原理如图 2.3.7 所示,主要由动力电池、电池管理系统(Battery Management System,BMS)、高压配电盒、车载充电机、DC-DC 转换器和 12 V 蓄电池等部分组成。动力电池用于存储电能,它是电动汽车的能量源。当前电动汽车上的动力电池多采用锂电池,电动汽车上的电池包由多个单体电池通过串联、并联等方式组成,以满足车辆驱动系统在电压、功率和续驶里程等方便的要求。电池管理系统负责对电池包进行管理,它的主要功能包括电池包状态监测、电池包状态估计、电池包温度管理、安全管理和通信管理等。其中,电池包状态监测主要是监测电池包充放电电流、电池包电压、电池包内各电池单体电压和温度等;电池状态估计主要通过电池监测数据对电池剩余电量、寿命和安全状态等进行估计;温度管理功能通过调节电池冷却系统中的冷却流量,对电池进行冷却,当电池温度过低时则通过发热系统对电池进行加热,以使电池始终工作在适当的温度范围内;安全管理功能主要对电池安全状态进行判断,当电池处于危险情况时,则采取限制输出功率、切断充、放电电路等保护措施,以保障乘员和系统安全;通信管理功能则负责与整车控制器、电机控制器和仪表等车辆控制系统其他部件进行通信,交互信息。动力电池包如图 2.3.8 所示。

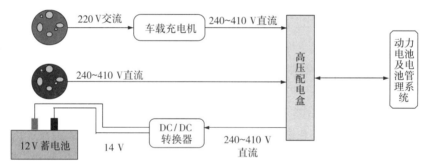

图 2.3.7　电源系统原理简图

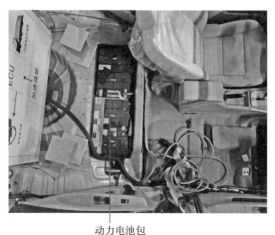

动力电池包

图 2.3.8　动力电池包

　　车载充电机可实现车辆连接家用交流电对动力电池进行充电,它的功能是将家用交流电转化为直流电,对动力电池充电,并对充电电流进行控制。由于家用交流电功率有限,因而车载充电机充电电流较小,通常只有 10 A 或者 16 A ,因而充电速度较慢,充电时间较长。为实现快速充电,车辆还具备直流充电功能,通过连接车辆外部专用充电机,直接对动力电池进行直流充电。专用的直流充电机由于配备专用电力线路,且直流充电机与车载充电机不同,不受车内空间布置和成本等限制,可以做成充电功率较大的充电系统。专用直流充电机充电功率较大,高的可达 300 kW 左右,充电电流大,充电速度快,因而充电时间短。通常说的快充就是只采用专用充电机进行直流充电。值得注意的是,电动汽车充电速度不仅取决于充电机输出充电电流的能力,还取决于车内动力电池的充电能力,不同型号的动力电池能接受的最大充电电流并不相同,能够承受的充电电流越大,则充电速度越快,充电时间越短,相应的这种能实现快速充电的电池其成本也相对越高。

　　由于车内很多辅助系统仍然采用 12 V 电压,如转向助力系统、制动液压系统、照明和电动车窗等,因此电动汽车上还保留着 12 V 蓄电池和 12 V 供电系统。传统燃油车中,12 V 蓄电池和 12 V 供电系统通过发动机带动的发电机进行供电和充电;在电动车中则通过 DC-DC 变换器,将动力电池的高压转换为 12 V 电源系统的低压,给 12 V 系统供电,并给 12 V 蓄电池充电。12 V 蓄电池、车载充电机和 DC-DC 等实物如图 2.3.9 所示。

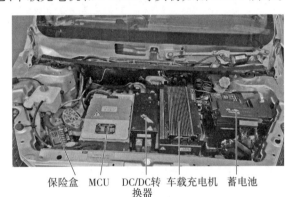

保险盒　　MCU　　DC/DC转　车载充电机　　蓄电池
换器

图 2.3.9　车辆前部蓄电池

　　电动汽车电源系统中的高压配电盒是系统电能传递的枢纽,它内部主要是各种电控的继电器,可实现不同高压回路之间的连接或断开。例如,当采用车载充电机进行充电时,高压配电盒会将车载充电机到动力电池的继电器结合起来,使车载充电机输出的直流充电电流连接到动力电池两端,实现对动力电池的充电;当采用直流充电时,则高压配电盒将直流充电继电器结合起来,从而将直流充电电压连接到动力电池两端,实现对动力电池的充电。

　　(2)电力驱动系统

　　电力驱动系统是电动汽车的核心系统之一,其原理组成如图 2.3.10 所示。电力驱动系统由电机、电机控制器和机械传动装置等部分组成。电机的功能是将电能转化为机械能,电机输出的扭矩通过机械传动装置、差速器和半轴传递到车轮,从而驱动车辆运行。电动汽车中通常使用交流电机,而车载动力电池输出的是直流电,因而电机运行需要逆变器,逆变器通常和电机控制单元集成在一起称为电机控制器。电机控制器的主要功能是,将动力电池输出的直流电转换为驱动电机需要的三相交流电,以驱动电机运行。此外,电机控制器还能根据电机运行要求对输出的三相交流电电流进行调节,从而对电机输出的转速或转矩进行控制。车载驱动电机和电机驱动器发热量大,需要冷却,通常车用驱动电机和电机驱动器采用水冷方式进行冷却。如图 2.3.10 所示,水箱及散热器中的冷却水在水泵的作用下在电机、电机驱动器和散热器回路中循环流动,将电机和电机驱动器产生的热量源源不断地带到散热器,然后通过冷风带走。

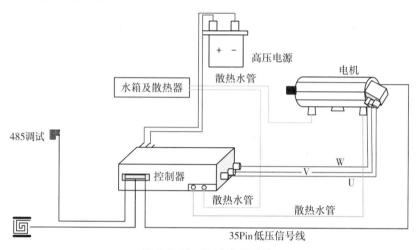

图 2.3.10　驱动电机系统

　　如图 2.3.11 所示,电机可根据多种方式进行分类,根据其使用的电源是交流电还是直流电,可分为交流电机和直流电机。交流电机工作效率更高,能量密度更大,因而在电动汽车中通常使用交流电机。交流电机根据其转子转速和旋转磁场的关系可分为同步电机和异步电机,异步电机的工作原理是在定子中产生旋转磁场,通过感应在定子绕组中产生感应电流,而感应电流在定子磁场中受到力的作用产生转动。若转子与定子中旋转磁场转速相同,则转子中感应电流消失,转子不再受到磁场力作用,因此转子转速永远低于定子磁场转速,这种电机因而称为异步电机。异步电机根据其转子绕组的结构,可分为绕线异步感应电机和鼠笼式异步感应电机。同步电机则采用永磁体作为转子,转子转速可与定子磁场转速相同,因而称为同步电机,也称为永磁同步电机。

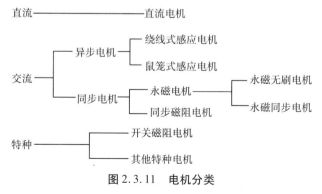

图 2.3.11　电机分类

同步电机和异步电机在性能上各有优劣,在电动汽车驱动电机中,同步电机和异步电机都有采用,不同厂家有不同的选择。就国内的情况来看,采用永磁同步电机的厂家较多,永磁同步电机已逐渐成为国内电动汽车驱动电机的主流产品。此外,还有开关磁阻电机也可用于车辆驱动,但该类型电机目前都处于开发阶段,实际应用还较少。

（3）辅助系统

车辆辅助系统包括车载信息显示系统、动力转向系统、导航系统、电动空调、照明及除霜装置、刮水器和收音机等,如图2.3.12所示。这些系统是车辆必不可少的,随着车辆电动化和智能化的发展,辅助系统也向智能化和电动化方向发展。在电动车上,原来燃油车中很多由发动机皮带轮驱动的辅助系统,由于没有了发动机,也改成了电力驱动的方式,由电动车上高压电或者12 V或24 V低压系统供电,这使得电动车的辅助系统在很多方面已经与传统燃油车有很大不同。此外,随着车辆智能化水平的提升,电动汽车采用的辅助系统往往智能化程度更高,更具科技感,以此改善用户体验,吸引更多客户群体。特别是在影音娱乐系统、车辆舒适性系统、导航系统和信息系统等方面,智能化水平日新月异,逐渐向智能座舱方向发展。

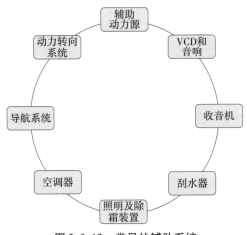

图2.3.12　常见的辅助系统

（4）整车控制器

整车控制器是车辆电控系统的核心部件之一,它接收驾驶员各类操作输入指令,如点火信号、挡位信号、制动踏板和加速踏板信号等各类操作输入信息,通过对驾驶意图进行判别,并结合车辆自身状态,对车辆动力系统进行控制,以满足驾驶员驾驶需求。整车控制器根据驾驶员驾驶操纵输入信息,向电机控制器发出扭矩指令,输出适当扭矩以满足驾驶员起步、加速、减速、倒车和制动能量回收等操作需求。此外,整车控制器还要负责对车辆进行能量管理、热管理、故障诊断、故障处理、附件管理、通信管理、仪表信号、车辆附件控制、车辆上下电控制和充电控制等多项管理和控制任务,是新能源汽车开发中的核心关键技术之一。

第 **3** 章
汽车发动机构造相关实验

3.1 发动机机体组及曲柄连杆机构结构分析实验

3.1.1 实验目的

①通过对发动机机体组和曲柄连杆机构的拆装实验,熟悉和掌握发动机机体组和曲柄连杆机构的组成、主要零件的结构、功能和装配关系;

②通过实验了解和掌握发动机机体组和曲柄连杆机构正确拆卸和装配顺序,明确拆卸和装配要求、方法和注意事项。能够根据要求,按照正确的方法和顺序进行拆卸和装配操作;

③以小组方式展开对发动机机体组和曲柄连杆机构拆装操作,在操作过程中大家分工合作,对疑难问题和注意事项开展讨论,培养小组成员的沟通协调能力和团队合作精神。

3.1.2 发动机机体组及曲柄连杆机构结构及工作原理

1)发动机机体组组成及结构

发动机机体组是发动机的各总成和部件的安装基体,它主要由气缸体、曲轴箱、油底壳、气缸盖和气缸垫等几大部分组成。

气缸体是发动机气缸的外壳,气缸体下面是曲轴箱,曲轴箱内部安装有曲轴,气缸体和曲轴箱一同组成发动机机体。在某些发动机中,气缸体和曲轴箱是一体铸造的,称为整体式气缸体。也有的发动机中气缸体和曲轴箱是分别铸造成型的两个部件,通过螺钉连接,称为分体式气缸体。发动机的活塞组、曲柄连杆机构和曲轴等主要部件安装在气缸体和曲轴箱内,在发动机运行过程中气缸体和曲轴箱受力较大,密封性要求高,因而对其铸造要求较高。

在曲轴箱下面安装着油底壳,油底壳内部主要存储机油,以供发动机润滑系统润滑。此外,油底壳内的机油还对发动机具有一定的冷却作用,也可以带走发动机内部运行时由于部件摩擦产生的铁削以及燃烧产生的积碳等杂质,对发动机内部起到清洁作用。随着发动机运行时间的增加,油底壳内的机油内的杂质越来越多,因此发动机需要定期保养,对机油滤芯及机油进行定期更换,以使发动机始终处于良好工作状态。

发动机气缸体、曲轴箱、油底壳的装配关系如图 3.1.1 所示,它们之间主要通过螺钉连接。在曲轴箱下盖与曲轴箱之间,以及油底壳与曲轴箱下盖之间均有衬垫,以对发动机机体内部起到密封作用。

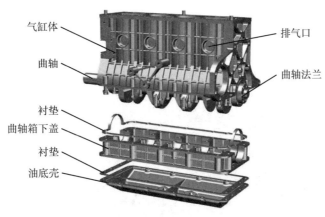

图 3.1.1　气缸体总成

发动机气缸盖安装在气缸上部,对气缸体内部起到密封作用,气缸盖与气缸体之间通过螺钉连接,且它们之间通过气缸盖垫进行密封,气缸盖下部、活塞顶部和气缸体共同组成燃烧室。发动机的配气机构、点火、喷油系统以及冷却和润滑系统的很多零部件都安装在气缸盖上,因而气缸盖的形状较为复杂,加工面较多。气缸盖上通常有进排气阀座、气门导孔、进排气道、冷却水套、润滑油孔和火花塞安装孔等,柴油机则有喷油器座孔。曲轴通常安装在气缸盖顶部,通过气缸盖罩进行密封。气缸盖总成及气缸盖上安装的部分关键零部件如图3.1.2 所示。

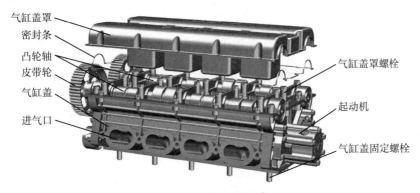

图 3.1.2　气缸盖总成

在气缸盖和气缸体之间有气缸垫,其作用主要是密封气缸盖和气缸体,防止漏水、漏气和漏油。气缸垫是橡胶制品,随着使用时间的增加会产生老化现象,导致密封性下降,使得发动机产生漏油、漏气和漏水等现象,致使输出功率下降,发动机工作状态变差。对于使用年限较久的发动机,应注意检查其是否有漏油、漏水现象,及时更换老化的气缸垫。

2)曲柄连杆机构组成及结构

曲柄连杆机构主要包括活塞连杆组和曲轴飞轮组两大部分,其主要作用是通过活塞、连杆、曲轴和气缸体之间的约束关系,使活塞在发动机燃烧室高温燃气的作用下在气缸内进行往复运动,而曲轴在相关约束下将活塞的往复运动转化为曲轴和飞轮的旋转运动,进而输出旋转扭矩。

(1)活塞连杆组

活塞连杆组总成的组成及装配关系如图 3.1.3 所示,活塞连杆组主要由活塞、活塞环、活塞销、连杆和气体零部件组成。活塞通过活塞销与连杆上的衬套连接,连杆可绕活塞销转动。连杆大头有连杆轴承,连杆轴承与曲轴上的轴颈装配在一起,可绕曲轴轴颈转动。

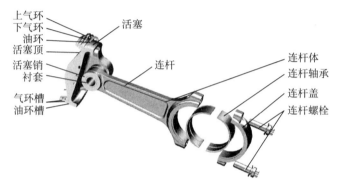

图 3.1.3　活塞连杆组总成

活塞顶部与气缸盖下部及气缸体共同组成燃烧室,可燃气体在燃烧室中燃烧并产生高压,活塞在燃烧气体高压作用下沿气缸向下运动,通过活塞销、连杆推动曲轴旋转。活塞运动到气缸底部时,在曲轴飞轮组旋转惯性力及气缸体和连杆机构的共同约束下掉转方向沿气缸往上运动,开启新的工作行程。

活塞是一个较为复杂的零部件,它上面有很多细小的结构,以实现不同的功能。为便于描述,可将活塞分为活塞顶部、活塞头部和活塞裙部三部分。活塞顶部与气缸体和气缸盖底部共同组成燃烧室,不同发动机燃烧室形状有所不同,因而活塞顶部的形状也根据燃烧室的不同而不同。活塞顶部需承受高温、高压和冲击,工作环境恶劣。为适应高温、高压的工作环境,通常活塞顶部的厚度较大,并在适当的位置设置加强筋。此外,还可在活塞顶部喷涂陶瓷,以提升活塞顶部对高温、高压和高腐蚀环境的耐受能力。活塞通常由铝合金铸造而成,活塞顶部的陶瓷喷涂层容易脱落,在实际中的应用还存在一定难度。

活塞上第一活塞环槽和活塞销孔之间的部分称为活塞头部,活塞头部安装有活塞环,活塞环对燃烧室和气缸其余部分之间起到密封作用,防止可燃混合气泄漏到曲轴箱中,也防止气缸壁上的机油进入燃烧室中。此外,活塞环还起到传热作用,将活塞中聚集的大量热量传递到气缸壁,对活塞起到冷却作用。

活塞环是一种开口环,具有弹性,分为油环和气环两种。气环通常有两道,与油环相比,气环安装位置离燃烧室更近,用于确保活塞和气缸壁之间的密封性,防止燃烧室内的可燃气体和高温燃气进入曲轴箱。此外,气环还有传热效果,将活塞顶部高温燃气传来的热量传递到气缸壁,气缸壁内有冷却水,因而能大量吸热,对活塞起到冷却作用。

油环的作用包括刮油和布油,它将飞溅的机油均匀挂布在气缸壁上,形成一层油膜,对活塞在气缸内的往复运动起到润滑作用。此外,当活塞由上往下运动时,油环将刮除气缸壁上多余的机油,防止机油进入燃烧室燃烧。

活塞裙部是指从活塞油环槽下端面往下的部分。活塞裙部能承受侧向压力,对活塞在气缸内的往复运动起到导向作用。活塞裙部有用于安装活塞销的销座孔,活塞通过活塞销与连杆小头相连,连杆小头可绕活塞销转动。

如图 3.1.3 所示,连杆由连杆小头、连杆大头和杆身等几部分组成。连杆的小头通过活塞销与活塞连接,连杆可绕活塞销转动,为减少磨损,在连杆小头与活塞销连接的地方常压入一个特殊材料制成的耐磨衬套。连杆的大头通过滑动轴承与曲轴的曲柄销连接,连杆大头通常分为两半的分体式,分开的部分称为连杆盖,滑动轴承也是分体式,连杆盖与连杆大头之间通过螺栓连接,方便与曲轴装配。连杆的作用是将活塞与曲轴连接起来,将活塞承受的气体压力传递给曲轴,使活塞的往复运动转化为曲轴的旋转运动。

(2) 曲轴飞轮组

曲轴飞轮组主要由曲轴、飞轮等组成,如图 3.1.4 所示。曲轴由若干个单元曲拐组成,曲拐数量与发动机缸数量相同。一个单元曲拐由一个曲柄销、左右两个曲柄臂和主轴颈组成。连杆大端通过滑动轴承与曲轴曲柄销连接,可绕曲柄销转动。曲轴的功能是将活塞的往复运动转化为曲轴和飞轮的旋转运动,向发动机外部输出扭矩。曲轴上还安装有皮带轮,通过皮带连接驱动发动机配气机构和其他辅助装置。

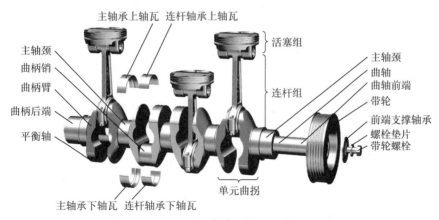

图 3.1.4　曲轴飞轮组总成

飞轮的作用是增加曲轴的转动惯量,以动能的形式将部分发动机做功冲程输出的能量存储在飞轮中,用以克服其他 3 个冲程的阻力,使发动机能连续运转。飞轮存储的动能还能驱动曲柄连杆机构穿过上止点和下止点,保证曲轴的旋转角速度和输出扭矩更加平稳。

3.1.3 实验准备

在开展发动机气缸体及曲柄连杆组拆装实验时,应准备以下设备及工具:

①准备待拆装发动机一台,将发动机安装于发动机翻转架或专用的拆装工作台上。如图 3.1.5 所示为安装于发动机翻转架上的发动机总成,翻转架便于移动发动机以及在拆装过程中翻转发动机。

②准备套筒扳手一套,扭力扳手 1 把,发动机专用拆装工具。

③准备直尺 1 把,塞尺 1 把,千分尺 1 把,百分表 1 只。

④清洗机 1 台,机油油盆 1 个。

⑤机油等。

图 3.1.5　安装于翻转架上的发动机总成

在准备好工具之后,还应进行发动机机体组合曲轴飞轮组拆装前的准备工作,相关准备工作包括以下内容:

①将发动机和与之连接的其他车辆部件相分离,拆掉与发动机相连的电路、气路和油路等,并且将发动机总成与变速器总成拆开。

②将发动机内部的冷却水、机油、供油系统内的燃油等放干,以免操作时油和水漏出。

③将发动机可靠地固定到翻转架上。

④在老师指导下进行分组,准备好拆装操作指导书,拆装前对发动机结构和拆装步骤及拆装注意事项等进行学习和掌握。

3.1.4 发动机机体组及曲柄连杆机构拆装操作步骤及注意事项

1)机体组及曲柄连杆机构的拆卸

(1)拆卸进、排气歧管

在拆卸进、排气歧管之前,需先拆除一些发动机外围的零部件,拆卸进、排气歧管的具体操作步骤如下:

①首先需拆下各缸的喷油器。先将各缸喷油器上的线束接插件拔下,然后从燃油分配管上拆下各缸喷油器。在拔除喷油器线束时,需仔细观察,注意接插件卡扣,避免强力拔除,对接插件造成损坏。拔除时,手应捏住接插件上便于受力的地方,避免握住线束拔出接

插件。

②依次拔下各缸高压分缸线。

③拆除各缸进气软管、曲轴通风管,拔除气缸盖后的小软管。

④拆除气缸盖后冷却液软管凸缘和上冷却液管之间的冷却液软管,拆除上冷却液管与散热器之间的冷却液软管。

⑤将进气歧管支架的紧固螺栓松开,将进气歧管和气缸盖之间的连接螺栓拆下,如图 3.1.6 所示。

⑥将排气歧管罩上的螺栓松开,拆下排气歧管罩。

⑦将排气歧管支架的紧固螺栓松开,拆下排气歧管和气缸盖之间的连接螺栓,将进、排气歧管及密封衬垫拆下,如图 3.1.7 所示。

图 3.1.6　拆下进气歧管上的螺栓　　　　图 3.1.7　拆下排气歧管下的螺栓

注意事项:

①在拆卸进、排气歧管的过程中,为避免应力集中对螺栓或其他零部件造成损坏,对于连接螺栓应采取对称交叉、依次拧松的方法进行拆卸。如图 3.1.8 所示,可按图中的顺序拆卸螺栓。

图 3.1.8　拆卸螺栓顺序

②进、排气歧管拆除后,异物和灰层可能沿歧管开口进入发动机缸体内,造成缸内污染,此时应及时用棉布等将气缸盖上的进、排气口遮盖起来。

(2)拆卸气缸盖以及发动机附件

拆除进、排气歧管后可开始拆除气缸盖及发动机附件,相关操作步骤如下:

①按图 3.1.9 中的顺序拆掉气缸盖罩上的连接螺钉。为避免在拆除过程中应力集中对螺钉或其他零部件造成损坏,螺钉的拆除也按对称交叉的顺序进行,如图 3.1.9 所示。全部螺钉拆除后,拆下气缸盖罩。

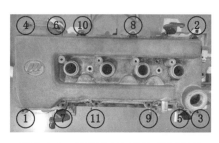

图 3.1.9　按顺序拧下气缸盖罩螺栓

②拆下燃油供给系统、点火系统、冷却系统和其他相关部件,以便拆卸气缸体和曲轴箱。图 3.1.10 为拆除冷却系统相关部件,图 3.1.11 为拆下机油滤清器。

冷却水管　　　节温器盖

图 3.1.10　拆下冷却系统附件

图 3.1.11　拆下机油滤清器

③松开曲轴皮带轮固定螺钉,将曲轴皮带轮拆除,如图 3.1.12 所示。将发动机侧面保护盖上的螺栓松开,用橡皮锤敲击保护盖使其松开,进而拆下侧面保护盖,如图 3.1.13 所示。拆下发动机侧面保护盖后,可以看到正时齿轮以及正时链条,如图 3.1.14 所示。

图 3.1.12　曲轴皮带轮

图 3.1.13　用橡皮锤敲松侧盖

图 3.1.14　发动机前端

④在拆卸凸轮轴之前,转动曲轴,使第一缸活塞处于压缩行程终点,即上止点处,找到曲轴正时齿轮上的标记以及凸轮轴正时齿轮上的正时标记,记住这几处标记的相对位置,防止在安装时出错。曲轴正时齿轮上正式标志如图 3.1.15 所示,凸轮轴正时齿轮上的正时标记如图 3.1.16 所示。

图 3.1.15　曲轴正时齿轮上的标记　　　图 3.1.16　凸轮轴正时齿轮上的标记

⑤在取下正时链条之前,需将正时链条张紧机构取下。将张紧机构螺丝松开,取下张紧机构,如图 3.1.17 所示。正时链条张紧机构取下后,正时链条处于松弛状态,将其从齿轮上取下。

图 3.1.17　链条张紧机构

⑥取下正时链条后可开始拆卸凸轮轴。先拧松凸轮轴齿轮端盖上的螺丝,取下端盖。按照图 3.1.18 所示的顺序,从两边到中间依次松开凸轮轴轴承盖上的螺丝,取下凸轮轴轴承盖。全部轴承盖取下后,可取下凸轮轴,如图 3.1.19 所示。

图 3.1.18　拧下凸轮轴端盖和轴承盖上的螺栓　　　图 3.1.19　拿下凸轮轴

⑦拆掉凸轮轴后,可进一步拆掉气缸盖和气缸垫。先拆下气缸盖螺丝,螺丝拆卸顺序按从两端到中间交替进行的原则,均匀多次拧松螺丝。螺丝彻底松开后用橡皮锤轻轻敲击气缸盖,使其松开,注意不能用螺丝刀等硬物去撬气缸盖,以免对其造成损坏。气缸盖松开后,

依次取下气缸盖和气缸垫,气缸盖如图 3.1.20 所示,气缸垫如图 3.1.21 所示。拆下气缸盖和气缸垫后可看到气缸体,观察活塞顶部和气缸盖底部燃烧室结构,以及火花塞和气门位置。气缸盖上有水道和油道,可结合汽车构造相关知识,进一步了解和掌握冷却润滑系统原理,气缸体上的水道和油道如图 3.1.22 所示。从发动机上拆下的零部件应摆放整齐,如图 3.1.23 所示,以免丢失,同时方便装配时能迅速找到相关零部件。图 3.1.23 中包含前面已经拆下的发动机侧盖、正时链条、正时链条张紧装置、凸轮轴、气缸盖、气缸垫和气缸盖罩等零部件。

图 3.1.20　拧下气缸盖螺栓

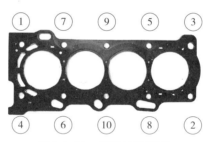

图 3.1.21　螺栓拧松顺序

图 3.1.22　燃烧室结构

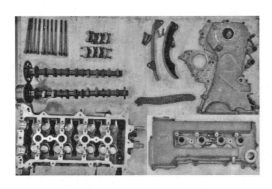

图 3.1.23　拆下的气缸盖以及附件

（3）拆卸气缸体以及活塞连杆组

①拆下气缸盖后便可从气缸体内将活塞连杆组拆下，在拆卸活塞连杆组前，应先将油底壳从气缸体和曲轴箱上拆下。在发动机翻转架上转动发动机，将其油底壳向上倒置。按从两边到中间、对称交叉的顺序，分多次拧松油底壳螺丝，彻底松开后取下油底壳、机油集滤器等零部件，如图 3.1.24 和图 3.1.25 所示。拆掉油底壳和机油集滤器之后便可看到曲轴箱内的曲轴，可观察曲轴的支撑方式。

图 3.1.24　油底壳

图 3.1.25　机油集滤器

②拆除油底壳后，通过发动机翻转架转动发动机，将其侧向放置，为拆卸曲柄连杆机构做好准备。为方便操作，在拆卸曲柄连杆机构时，应先拆 1、4 缸，后拆 2、3 缸。先转动曲轴，让 1、4 缸活塞运动到下止点，此时从曲轴箱底部可拆掉 1、4 缸对应曲轴销上的螺栓，进而拆下 1、4 缸连杆盖、垫圈和轴瓦。将拆下的零件按各缸对应顺序依次放好，以免和其他缸零件混淆，方便后面的装配操作。

③取下连杆盖和轴瓦后，活塞和连杆已可从气缸中取出，可用木棍或锤子的木柄从曲轴一侧推动 1、4 缸活塞和连杆，将它们从气缸中取出。将取出的 1、4 缸活塞和连杆与之前已拆下的 1、4 缸连杆盖、垫圈、轴瓦和连杆螺栓按各缸顺序依次放置在一起，以免混淆。

④按拆卸 1、4 缸活塞连杆相同的方法将 2、3 缸活塞连杆取出，图 3.1.26 为拆下活塞连杆前的曲轴箱，图 3.1.27 为拆下的活塞连杆组。

⑤取下活塞连杆组后，通过实物对照汽车构造相关章节，进一步观察和掌握活塞、连杆

和曲轴的结构以及它们相互之间的连接和装配关系,在此基础上理解曲柄连杆组在发动机工作时的运动情况和工作原理。

图 3.1.26　拆下活塞连杆组前的曲轴箱

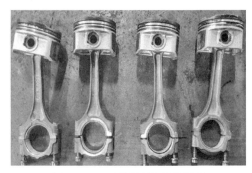

图 3.1.27　拆下的活塞连杆组

注意事项:

在拆卸油底壳及曲柄盖时,如果需要可用橡胶锤轻轻敲击使其松动。

(4)拆卸曲轴飞轮组

①将 4 个气缸的活塞连杆组都拆下来后,曲轴还在曲轴箱内,如图 3.1.28 所示,可进一步拆卸曲轴飞轮组。拧松曲轴箱上的螺栓,然后用橡皮锤敲击曲轴箱,待其松动后将其取下,如图 3.1.29 所示。取下曲轴箱主轴承盖,再取下曲轴主轴承轴瓦,而后将曲轴取出,取下的曲轴如图 3.1.30 所示。

图 3.1.28　下曲轴箱盖

图 3.1.29　用橡皮锤敲击

图 3.1.30　曲轴

②取下曲轴后,可结合汽车构造相关内容,并结合实物,进一步学习和掌握曲轴飞轮组的结构、装配关系,了解发动机运行时曲轴飞轮组的运动状态,掌握它们的功能。应注意观察曲轴安装和固定方式,了解其轴向定位方式,观察曲轴轴承处的防漏结构等。

③将取下的活塞连杆组、曲轴飞轮组相关零部件进行彻底清洁,结合汽车构造相关内容进一步熟悉每个零部件的结构、功能和装配关系,深化对发动机活塞连杆组、曲轴飞轮组的感性和理性认识。

注意事项:

在拆卸曲轴的主轴承盖之前,应检查主轴承盖上是否有安装标记,如果没有安装标记,应做好安装标记,以免在安装时出错。

2)机体组及曲柄连杆机构的安装

(1)曲轴飞轮组的安装

在对发动机所有部件进行清洁之后,可开始对其进行安装操作,与拆卸时的顺序相反,安装时首先安装曲轴飞轮组。

①在安装曲轴飞轮组前,先将发动机气缸体安装在发动机翻转台上,转动翻转台,使气缸体倒置。

②将有油孔的轴瓦安装到曲轴主轴承座上,并在轴瓦表面涂上一层机油,安装时应使轴承上的油孔与轴承座上的油道对准。轻轻抬起曲轴,将曲轴主轴颈安装到主轴承座内,与已安装好的半边轴瓦配合。

③将不带油孔的轴瓦表面涂抹机油,安装到曲轴主轴承盖内,把主轴承盖安装在主轴颈上,并按规定的力矩依次拧紧主轴承盖螺栓。在安装主轴承时,应注意其安装位置,要与拆卸时各轴承及轴承盖对应位置一致,不得随意调换位置。在拧紧主轴承盖螺栓时,应按与拆卸相反的顺序,即由内向外、交叉拧紧。螺栓不能一次拧紧,而是应按规定的顺序交叉拧动螺栓,交换 2~3 次后拧紧到规定力矩。曲轴主轴承盖上的螺栓全部拧紧到规定扭矩后,可试着转动曲轴,观察其阻力矩大小是否正常。曲轴转动阻力矩通常要小于 30 N·m,若曲轴不能转动,则说明曲轴主轴承间隙过小,可通过在曲轴主轴承座和主轴承盖之间安装垫片的方式进行调整,直到曲轴转动阻力矩小于 30 N·m 为止。

注意事项:

①在安装时,应注意各零部件的清洁度,避免安装时有杂质或其他污染物粘留在零部件表面。

②在安装前,应对润滑油道是否通畅进行检查,如发现润滑油道有堵塞,应对其进行疏通后再进行安装。

③在装配各主轴承时,注意各轴承的安装位置需与拆卸时的位置对应一致,不能随意更换位置,必须使轴承与轴承座上的安装标记对齐。

④轴承座和轴承盖上轴瓦不能装错位置,此外,有油孔的轴瓦应与相应的油道对准。

⑤曲轴止推片有润滑油槽的那个表面有减磨合金层,在安装止推片时应注意其方向,有油槽的一面应朝外。

⑥在安装主轴承盖时,每按顺序拧紧主轴承螺栓一次后,都应转动曲轴几圈,观察曲轴转动过程中阻力矩是否均匀,若曲轴转动过程中阻力矩有忽大忽小的情况,应及时检查安装情况,排除问题。

⑦在装配曲轴油封及法兰时,必须小心操作,不能使油封处于扭曲状态,否则易导致漏油。

(2)活塞连杆组的安装

①首先将活塞与连杆小头连接,将活塞销和连杆小头涂抹机油,然后将活塞和连杆小头用活塞销连接好。装好活塞销后,用尖嘴钳将活塞销锁环安装在活塞销座两端的环槽内。在安装活塞时,应注意其方向,活塞顶面边缘的缺口应和连杆体、连杆盖上的凸点在同一侧。各气缸的活塞和连杆应与拆卸时的对应位置关系一致,不能随意交换位置。

②在活塞上依次安装油环和气环,在安装时要注意扭曲环方向,有记号的一侧朝上,还要注意将各环之间的开口按间隔120°错开,且第一道环的开口不要对着活塞销座位置。在安装油环和气环时,要使用专用的活塞环装卸钳,并注意工具使用的正确性。

③活塞与连杆及活塞环装配好之后,就可将活塞连杆组装配到气缸内。首先在活塞表面涂抹少量机油,然后用活塞环箍将活塞环箍紧。将连杆大头从气缸体顶部放入气缸内,继续推入直到活塞环箍与气缸顶部接触。此时用手锤木柄轻轻从活塞顶部推动活塞连杆组,使其沿活塞环箍进入气缸。在推动活塞时对活塞环箍也应施加一定推力,使其在活塞推入的整个过程中都与气缸体顶面保持紧密接触,防止油环或气环在活塞推入过程中弹开,阻挡在气缸体上表面上。安装时应注意各缸顺序,活塞连杆组的位置应与拆卸时一致,不要搞错对应关系。此外,在将活塞连杆组推入气缸前,应轻轻转动曲轴,使待装入活塞连杆的那一缸对应的曲柄销位于活塞下止点位置,方便活塞连杆推入。当活塞连杆推入到连杆大头内的轴瓦与曲轴上的曲柄销接触时,可装上连杆盖,并按规定扭矩拧紧连杆盖螺栓。在安装活塞连杆组时还要注意其位置关系,在将连杆推入气缸时应注意将连杆上的凸点朝向发动机前方。

注意事项:

①安装时注意活塞、连杆、端盖、轴瓦与气缸之间的对应关系,要与拆卸时的对应关系一致,不能随意交换安装位置。

②应注意活塞裙部的箭头标记应与连杆上的凸点标记在同一侧,且在将活塞连杆组推入气缸时这些标记应位于发动机前端一侧。

③若活塞销在常温下安装困难,可将连杆上的活塞销孔适当加热,使其膨胀后再安装。

④安装活塞环时应注意其开口方向的位置,此外活塞环上的"TOP"标记需朝向活塞顶部方向。

⑤在安装连杆端盖时,每按顺序拧紧主轴承螺栓一次后,都应转动曲轴几圈,观察曲轴转动过程中阻力矩是否均匀,若曲轴转动过程中阻力矩有忽大忽小的情况,应及时检查安装情况,排除问题。

（3）气缸盖以及附件的安装

①转动发动机翻转架手柄,将发动机翻转至气缸体顶面朝上的位置。

②将气缸垫安装到气缸体上表面,安装时注意气缸垫方向,安装位置与定位销契合。

③把气缸盖安装到气缸体上,放入气缸盖螺栓,按从中间到两边、交叉拧紧的方式依次拧紧气缸盖螺栓。气缸盖螺栓不要一次拧紧,应按从中间到两边、交叉拧紧的方式分4次拧紧,每次拧紧的扭矩逐渐增大,依次为40 N·m、60 N·m、75 N·m、90 N·m。

④气缸盖螺栓全部拧紧后安装凸轮轴、正时链条和张紧机构、发动机侧盖,在安装正时链条时应注意核对正时标记。

⑤安装气缸盖罩,按从中间到两边、交叉拧紧的方式,分2～3次拧紧气缸盖罩螺栓,最终拧紧力矩为40 N·m。

⑥按与拆卸相反的顺序安装其他发动机附件。

注意事项:

①注意配气正时标记位置,确保配气机构位置正确。

②拧紧螺栓时注意顺序和力矩要求。

③在安装凸轮轴时可在轴颈及轴承盖上涂抹适量机油。

（4）进、排气歧管的安装

①安装排气歧管密封垫和排气歧管,按规定的20 N·m力矩拧紧固定螺栓,然后安装进气歧管和进气歧管支架。

②安装喷油器和燃油分配管。

③安装其他连接管道和线束。

3.2　配气机构拆装与气门间隙调整实验

3.2.1　实验目的

①结合汽车构造理论,通过发动机实物拆装操作,了解和掌握发动机配气机构组成、关键零部件结构、装配关系和工作原理。

②了解和掌握发动机配气机构拆装方法。

③了解和掌握发动机气门间隙的作用,以及气门间隙调整的原理和方法,并根据相关知识对发动机气门间隙进行调整。

3.2.2　配气机构结构及气门间隙调整原理

1）配气机构概述

车用内燃机多采用四冲程发动机,四冲程发动机在工作的过程中分别有进气、压缩、做功和排气四个冲程。发动机在进气冲程中需从进气口吸入空气,在压缩和燃烧冲程中进气口和排气口均关闭,气缸处于密闭状态,在排气冲程中需打开排气门排出燃烧产生的废气,为下一个工作循环做好准备。可以看出,发动机需要一个控制进气和排气的系统,在进气冲程时打开进气门关闭排气门,使新鲜空气进入气缸,在压缩和燃烧冲程关闭进气门和排气门,使气缸密闭,在排气冲程则打开排气门关闭进气门,排出气缸内燃烧产生的废气,使发动机正常运行,这个系统就是发动机的配气机构。同时,由于发动机常有多个气缸,而多个气缸工作顺序不同,它们到达进气和排气冲程的时间也是错开的,因此配气机构还需能根据各缸工作顺序,适时控制各缸进、排气门开启和关闭,使各缸均能正常完成进、排气过程。

发动机在工作的过程中,其输出功率和转矩的大小跟可燃混合气或新鲜空气的进气量往往成正比。因此,要求配气机构在发动机排气冲程时要尽量地排出废气,减少气缸内的废气残留,在进气冲程则要保证尽可能多的新鲜空气或混合气进入气缸。要达到上述要求,需对配气机构进行合理的设计,使其与发动机工作行程配合,在恰当的时间打开和关闭进、排气门。此外,还需配气机构运行灵敏,进、排气门关闭的速度快,准确性和稳定性高,这就要求配气机构具有较小的质量,以减小往复运动时的惯量,使其运动和控制更加灵敏,同时需配气机构具有较高的刚度,以保持良好的稳定性。

2)配气机构的结构与布置方式

车用发动机通常采用气门式配气机构,该机构由气门组与气门传动组两部分组成。气门组包括进气门与排气门,气门传动组的结构和组成则与凸轮轴所处位置有关。

配气机构有很多不同的结构形式和类型,可根据不同方式对其进行分类。车用内燃机的气门组通常位于气缸顶部,采用倒置的方式,所有的气门组都安装于气缸盖内,这种布置方式的配气机构称为气门顶置式配气机构。凸轮轴有不同的布置方式,根据凸轮轴的位置,可将配气机构分为凸轮轴上置、凸轮轴中置和凸轮轴下置等几种形式。凸轮轴由曲轴驱动,可根据曲轴与凸轮轴之间的传动方式对配气机构进行分类,分为齿轮传动式、齿形带传动式和链条传动式等不同类型。此外,发动机每缸至少有一个进气门和一个排气门,但有的发动机具有多个进气门和排气门,可根据每缸气门数量将配气机构分为二气门式、三气门式、四气门式和五气门式等类型。

车用发动机常见的配气机构类型包括气门顶置、凸轮轴下置式配气机构,气门顶置、凸轮轴中置式配气机构,以及气门顶置、凸轮轴上置式配气机构等几种,由于凸轮轴位置不同,这几种配气机构的气门传动组有较大区别,它们各有优缺点,下面分别进行论述。

气门顶置、凸轮轴下置式配气机构的凸轮轴位于曲轴箱内,曲轴通过一个配气定时齿轮驱动凸轮轴转动,凸轮轴的凸轮推动挺柱,挺柱通过推杆推动摇臂实现气门的开启和关闭。这种布置方式的好处是凸轮轴与曲轴之间由齿轮传动,工作稳定可靠,使用寿命长。其缺点是凸轮轴到气门之间传动链较长、结构较为复杂,传动链长导致整个气门传动组质量大、刚度差、噪声大及成本高。当发动机转速较高时,这些缺点体现得更明显,因此这种布置方式通常用于转速较低的发动机,在高转速发动机中较少采用。

气门顶置、凸轮轴中置式配气机构将凸轮轴放置于气缸体上部,凸轮轴由曲轴通过链条或者齿形带驱动。凸轮轴转动时,其上的凸轮通过挺柱推动摇臂来控制气门开启和关闭。相比凸轮轴下置的布置方式,凸轮轴中置时气门传动组中可取消推杆这一零件,缩短了气门传动组的传动链,质量较轻,刚度更大,控制灵敏,适用于更高转速的发动机。

气门顶置、凸轮轴上置式配气机构中,凸轮轴位于气缸盖上,凸轮轴由曲轴通过链条或齿形带驱动。凸轮轴转动时,其上的凸轮驱动摇臂控制气门开启或关闭,相较于凸轮轴中置的方式其又在气门传动组中减少了挺柱,传动链更短,刚度更大,质量更小,动作时惯性更小,可控制气门迅速准确地开启和关闭,适用于高速发动机。

以上只是一般情况,实际上,不同厂家的发动机其配气机构在工作原理大体相同的情况下,在气门组、气门传动组的设计上往往各不相同,有很多不同的结构类型,可结合实际进行进一步观察和学习。

图 3.2.1 为某发动机配气机构组成简图,定时齿轮 2 固定在曲轴 1 的一端,与曲轴一同转动。排气凸轮轴 6 和进气凸轮轴 7 的一侧固定有凸轮轴定时齿轮 5,凸轮轴定时齿轮 5 与曲轴定时齿轮 2 之间通过正时齿形带连接,进、排气凸轮轴由曲轴通过正时齿形带驱动。4 为皮带张紧轮。凸轮轴转动时,其上的凸轮通过挺柱 8 推动进气门 9 和排气门 10 动作,完成对进、排气门开启和关闭的精确控制。

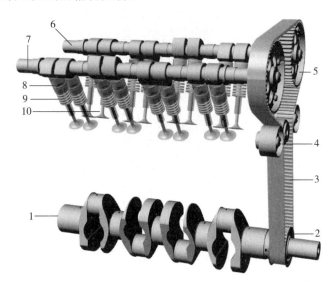

图 3.2.1　发动机配气机构组成

1—曲轴;2—曲轴定时齿轮;3—正时齿形带;4—皮带张紧轮;5—凸轮轴定时齿轮;
6—排气凸轮轴;7—进气凸轮轴;8—挺柱;9—进气门;10—排气门

3)气门间隙

发动机工作时温度较高,由于热胀冷缩,气门传动部件如挺柱、推杆等长度会增加。如果气门和气门传动部件之间没有间隙,则气门传动部件受热变长后将把气门顶开到一定开度,使压缩和做功冲程时气缸密封不严而产生漏气,这将导致发动机输出功率下降,漏气严重时发动机甚至无法正常运行。为避免上述情况出现,通常需在气门传动组与气门之间预留一个适当大小的间隙,当气门传动组的零部件受热膨胀尺寸变长之后,气门未被顶开,仍能保持气缸的密封状态。气门间隙的大小一般为 0.2~0.3 mm 即可,这一间隙大小可通过调整装置进行调整。

现代汽车的发动机中,通常设计有专门实现气门间隙自动调整的零部件,气门间隙无须手动调整。气门间隙自调整部件有不同的结构形式,若相关部件是凸轮轴的从动件,则称为液力式挺柱;若将气门间隙自调整装置设计在摇臂的支撑内,则称为气门间隙自动补偿器。液力式挺柱是气门传动组的一部分,凸轮轴转动时,凸轮轴上的凸轮驱动液力式挺柱运动,进而驱动摇臂推动气门。而气门间隙自动补偿器是作为摇臂的一个支撑,不属于气门传动组传动链内的传动件。

液力式挺柱结构如图 3.2.2 所示。液力挺柱 1 内安装有柱塞 4,推杆支座 3 压入柱塞 4 顶端,它的位置通过卡环 2 进行限制,推杆支座 3 和柱塞 4 可在液力挺柱内腔沿轴线方向一定范围内滑动。柱塞 4 下端有一个单向阀 7,单向阀 7 通过止回阀弹簧 10 与止回阀支架 6 连接,止回阀支架 6 由柱塞弹簧 8 固定。

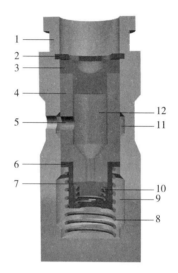

图 3.2.2　液力式挺柱结构

1—挺柱体;2—卡环;3—推杆支座;4—柱塞;5—进油孔;6—止回阀支架;7—止回阀;

8—柱塞弹簧;9—高压油腔;10—止回阀弹簧;11—环形油槽;12—内油腔

发动机凸轮轴上的凸轮与液力挺柱下端面接触,气门推杆与液力挺柱内推杆支座 3 配合。当发动机开始工作时,机油在油泵作用下通过进油孔 5 进入挺柱的环形油槽 11 内,环形油槽 11 与柱塞内油腔 12 之间有孔连通,因而压力机油将进入柱塞内油腔 12 中。单向阀 7 在内油腔 12 机油压力作用下打开,机油进入并充满高压油腔 9。当凸轮轴上的凸轮推动挺柱体向上运动时,止回阀 7 关闭,高压油腔 9 中的机油无法回流到内油腔 12 中,此时高压油腔 9 内机油压力增加,止回阀 7 被紧压在柱塞下端面上,柱塞内油腔 12 与高压油腔 9 相互隔离。此时,弹簧 8、弹簧 10 被凸轮向上压紧,柱塞与挺柱作为一个刚体整体向上运动,将气门推杆向上推动,进而推开气门。

当凸轮转动使挺柱向下移动时,柱塞弹簧 8 松开,止回阀弹簧 10 也松开,止回阀 7 打开,机油可从腔体 12 流入腔体 9,柱塞 4 可在顶端挺柱压力与底部弹簧力作用下上下运动一定幅度。当气门传动零部件由于热胀冷缩而伸长或缩短时,柱塞4在顶端挺柱力与底部弹簧作用下自动调整位置,从而实现气门间隙的自动调整。

3.2.3 气门间隙调整实验准备

在进行气门间隙调整时应准备以下实验设备和工具:

①气门间隙非自动调整的汽车发动机1台。

②发动机拆装台架或发动机翻转架1台。

③发动机拆装工具1套。

④零部件存放台1个。

⑤机油壶、润滑油和棉纱等。

3.2.4 实验操作步骤及注意事项

气门间隙调整前可拆下发动机配气机构对其进行清洗及状态检查,然后再安装好配气机构并进行气门间隙调整。在拆下配气机构的过程中,需按顺序拆下发动机外部附件、发动机气缸盖罩和正时链条等。下面将对拆下外围部件机配气机构、配气机构安装、气门间隙调整和安装外围部件等整个气门间隙调整实验的全过程进行简单叙述。

1)拆卸发动机排气歧管

发动机排气歧管外有排气歧管罩,要先拆掉排气歧管罩再拆卸排气歧管。发动机排气歧管罩由螺丝固定,如图3.2.3(a)所示,用棘轮扳手配合套筒拆掉排气歧管罩固定螺丝,将排气歧管罩取下如图3.2.3(b)所示。排气歧管由多颗螺丝固定,如图3.2.3(c)所示,用棘轮扳手配合套筒拆下固定排气歧管的螺丝,然后将排气歧管取下,如图3.2.3(d)所示。将取下的排气歧管罩、排气歧管罩固定螺丝、排气歧管和排气歧管固定螺丝按顺序整齐摆放在零部件存放台,方便安装操作。

注意事项:

由于排气歧管罩及排气歧管较厚重,在拆卸时最好一人拆卸螺丝,一人双手握持待拆卸部件,以免待拆卸部件掉落造成零件损坏或人员受伤。在进行相关操作时应戴好手套,同时做好脚部防护。

2)拆卸进气歧管

发动机进气歧管如图3.2.4(a)所示,进气歧管由多颗螺丝固定,用棘轮扳手配合套筒拆下进气歧管固定螺丝,取下进气歧管,如图3.2.4(b)所示。将取下的进气歧管及进气歧管固定螺丝按顺序摆放于零部件存放台,以方便安装操作。

3)拆卸各缸高压线

发动机高压线盖板及固定螺丝如图3.2.5(a)所示,用棘轮扳手配合套筒拆下高压线盖板固定螺丝,取下高压线盖板,如图3.2.5(b)所示。发动机高压线及点火线圈固定螺丝如图3.2.5(c)所示,用棘轮扳手配合套筒拆下发动机高压线固定螺丝,拔出点火线圈,如图3.2.5(d)所示。将拆下的高压线盖板、高压线盖板固定螺丝、点火线圈及高压线、点火线圈固定螺丝按顺序摆放于零部件存放台,以方便安装操作。

（a）排气歧管防护罩固定螺丝

（b）拆卸排气歧管防护罩固定螺丝

（c）排气歧管固定螺丝

（d）拆卸排气歧管

图 3.2.3　拆卸排气歧管罩及排气歧管

进气歧管

（a）进气歧管

（b）拆卸进气歧管

图 3.2.4　发动机进气歧管拆卸

4）拆卸发动机气缸盖罩

发动机气缸盖罩内部和周围都有固定螺丝，先用棘轮扳手配合套筒拆掉气缸盖罩内的固定螺丝，如图 3.2.6（a）所示。再将气缸盖罩周围的固定螺丝按从两边到中间、对角交叉的顺序，分多次轮流拧松，螺丝拧松顺序如图 3.2.6（b）所示。将拆下的气缸盖罩和气缸盖罩固定螺丝按顺序放置于零部件存放台，以方便安装操作。

5）拆卸皮带轮、张紧轮等

将进气歧管、排气歧管、高压线束及点火线圈、气缸盖罩等拆掉后，就可以开始拆卸发动机前端的皮带轮、皮带张紧轮、导轮以及水泵带轮等附件，如图 3.2.7（a）所示。用棘轮扳手

(a)高压线盖板及固定螺丝

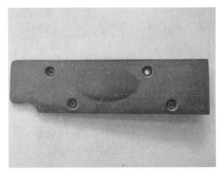

(b)高压线盖板

(c)高压线及点火线圈固定螺丝

(d)高压线及点火线圈

图 3.2.5 高压线的拆卸

(a)气缸盖罩内的螺丝

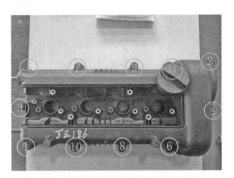

(b)气缸盖罩螺丝拆卸顺序

图 3.2.6 气缸盖罩的拆卸

(a)发动机皮带轮、张紧轮等

(b)拆下的皮带轮、张紧轮等

图 3.2.7 皮带轮、张紧轮等附件拆装

配合套筒将上述附件的固定螺丝拆掉,然后将零部件及固定螺丝拆下,如图3.2.7(b)所示。将拆下的皮带轮、张紧轮等附件,以及其固定螺丝按顺序摆放在零部件存放台,以防丢失,并方便安装操作。

6)拆卸发动机配气正时链条盖

在将发动机前端各种附件拆卸之后,便可拆下发动机正时链条的盖板。正时链条盖板由多个螺丝固定,用棘轮扳手配合套筒,按对角交叉、交替进行的原则分多次拧松螺丝后,可将正时链条盖板取下,如图3.2.8所示。将正时链条盖板与其固定螺丝摆放在零部件存放台,以方便安装操作。

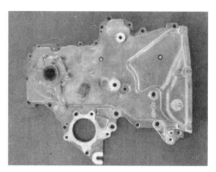

图3.2.8　正时链条盖板

在拆除发动机外围零部件后,便可开始配气机构的拆卸。发动机配气机构的拆卸可按以下步骤进行。

(1)拆卸配气正时链条

正时链条由链条导轨和张紧机构固定位置并张紧,如图3.2.9(a)所示。在拆卸正时链条时,先转动曲轴,使第一缸活塞位于上止点,然后用棘轮扳手配合套筒将链条导轨和张紧器的固定螺丝拧松,进而拆掉正时链条、链条导轨和张紧器,如图3.2.9(b)所示。将拆下的正时链条、张紧器、链条导轨及紧固螺丝摆放在零部件存放台,以方便安装操作。

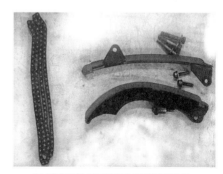

正时
链条

链条
张紧
机构

链条
导轨

(a)正时链条及张紧机构　　　　　(b)拆下的正时链条及张紧机构

图3.2.9　正时链条的拆卸

(2)拆卸凸轮轴

凸轮轴分为进气凸轮轴和排气凸轮轴,在拆卸凸轮轴时,首先按从两边到中间、交叉拧松的原则,用棘轮扳手配合套筒,分多次将凸轮轴轴承盖固定螺丝依次拧松,如图3.2.10所示。所有螺丝松开后,取下轴承盖及其固定螺丝并按各缸顺序摆放在零部件存放台,如图 3.2.11(a)所示。记录轴承盖摆放方向,在安装凸轮轴轴承盖时,要按拆卸时的位置和方向进行安装。所有轴承盖取下后,可分别取下进、排气凸轮轴,摆放于零部件存放台,如图 3.2.11(b)所示。

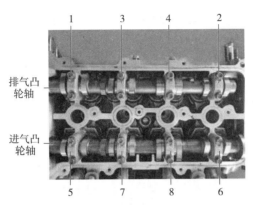

图 3.2.10　凸轮轴轴承盖的拆装顺序

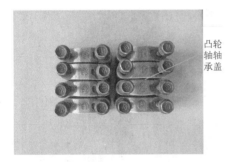

（a）凸轮轴轴承盖

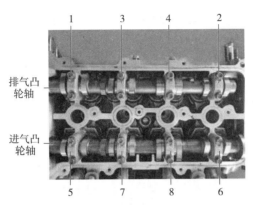

（b）拆下的进、排气凸轮轴

图 3.2.11　凸轮轴的拆卸

（3）拆卸气缸盖

在拆掉凸轮轴后,就可看到气缸盖。气缸盖由多个螺丝固定,按从两边到中间、交叉进行的方式将气缸盖固定螺丝拧松,如图 3.2.12(a)所示。将取出的气缸盖螺丝整齐放置于

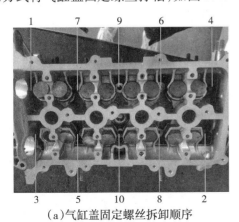

（a）气缸盖固定螺丝拆卸顺序

（b）气缸盖

图 3.2.12　气缸盖的拆卸

零部件存放台,以免丢失,再取下气缸盖和气缸垫,并按顺序放置于零部件存放台,如图3.2.12(b)所示。由于气缸盖很重,在取下时应特别小心,最好由两人协作将其抬下。

(4)拆卸进、排气门

将挺柱取下,按顺序摆放在零部件存放台上,如图3.2.13所示。用专用工具将气门弹簧座取下,然后取下气门锁夹,再拆除气门弹簧、气门弹簧座和气门,并按顺序摆放在零部件存放台。按各缸对应顺序摆放,并做好记录,防止混乱和丢失,在安装时按拆卸时对应位置装回。拆下的气门零部件如图3.2.14所示。

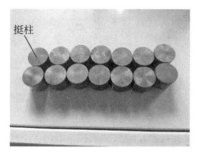

图3.2.13　挺柱的拆卸

(a)气门零部件装配状态

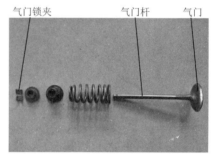

(b)气门零部件拆开状态

图3.2.14　气门拆卸

经过上述步骤,已将配气机构相关零部件全部拆下,可对相关零部件进行状态检查,并进行清洁保养。相关工作完成后,可按与拆卸相反的顺序将配气机构和拆卸的其他零部件装配到发动机上。具体安装过程可按如下几个步骤进行。

①安装气门。首先应安装气门油封,在气门导管上压装气门油封,安装油封时应仔细观察,注意将其压装到位,以保证气门的密封性,防止漏气、漏油。安装好油封后,可安装气门相关组件。在气门杆上涂抹少量润滑油,按拆卸时与各缸的对应顺序从气缸顶部依次将气门插入气门导管中,然后依次装入下弹簧座、弹簧和上弹簧座,并用专用工具压紧气门弹簧,装上锁夹。

②安装气缸盖。气门相关组件安装好后,可安装气缸盖。首先将气缸垫安装到气缸体上,安装时注意气缸垫形状应与气缸体边缘对齐,气缸垫上的螺丝孔应和气缸体上的螺丝孔对齐。此外,还要注意气缸垫有正反面,不能装反。安装好气缸垫后可安装气缸盖,将气缸盖抬到气缸体上,并对准螺纹孔。由于气缸盖重量较重,安装时应特别小心,最好由两人配合抬放。气缸盖放置好后,将气缸盖固定螺丝按拆卸时对应的顺序放入螺孔。按从中间到

两边、交叉进行的原则,分多次将气缸盖固定螺丝拧紧到规定的扭矩,如图3.2.15所示。本实验中选取的发动机,其气缸盖螺丝规定的拧紧扭矩为50 N·m。

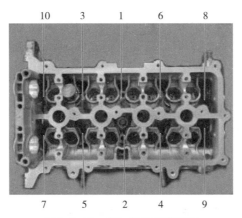

图3.2.15 气缸盖的安装顺序

③安装挺柱及凸轮轴。气缸盖安装好之后,可进一步安装挺柱及凸轮轴。将气门挺柱表面涂抹适量机油,按与拆卸时对应的位置依次装入挺柱导孔。挺柱放置好后,将凸轮轴轴颈和轴承涂抹机油,将凸轮轴和轴承安装到位。安装凸轮轴时,应注意第一缸凸轮需朝上,与拆卸时的位置相同。按拆卸时对应的位置安装好凸轮轴各轴承盖,安装轴承盖时要注意将上下两部分对齐。按与拆卸相反的顺序,并按由中间到两边、对角交替、分多次拧紧的原则将轴承盖固定螺丝拧紧到规定的扭矩。本实验中选取的发动机,其凸轮轴轴承盖拧紧扭矩为20 N·m。

④安装正时链条、正时链条盖板与发动机前段附件。按与拆卸时相反的顺序,将正时链条、正时链条导轨和张紧轮等安装到发动机上,安装时应注意正时标记的位置要正确,以保证配气机构工作正常。安装好配气正时链条后,将正时链条盖板装回。随后分别将皮带轮、张紧轮、张紧轮调节机构和水泵带轮等发动机前端附件安装到位。

⑤气门间隙的检查与调整。在调整气门间隙时,发动机需处于冷态,若发动机还处于热机状态,需将其静置到恢复常温时再进行气门间隙的调整。在调整气门间隙时,应按各缸的顺序依次调整,并且各缸的进气门和排气门分别进行调整。在调整某缸的进气门或者排气门时,应转动曲轴,使待调整的气门完全关闭,此时将气门间隙调整螺钉的锁紧螺母松开,然后按气门间隙调整标准,将相应的塞尺插入气门杆尾部与摇臂之间的间隙。旋转调整螺钉的同时将塞尺往返拉动,当感觉到塞尺移动有轻微阻力时,说明气门间隙调整已到位,此时可将调整螺钉的锁紧螺母拧紧。按上述方法,依次对各缸的进、排气门间隙进行调整。全部气门间隙调整完成后,再用塞尺对所有气门的气门间隙进行复查,若发现间隙不符合规定的,需重新调整,直到所有气门的间隙满足要求。

⑥气缸盖罩及其他部件的安装。气门间隙调整好后,可安装气缸盖罩及其他部件。按与拆卸时相反的顺序,依次安装好气缸盖罩、点火线圈、高压线盖板和进、排气歧管等,使发动机恢复到最初状态。

需注意的是,在上述过程中,以检查配气系统并对其进行清洁为目的,将配气机构全部进行了拆卸。若在实际中无须对配气机构进行检查及清洁,而只想检查和调整气门间隙时,则无须将配气机构拆下,仅需拆开气缸盖罩即可。

3.3 发动机燃油喷射电路认知实验

3.3.1 实验目的

①了解和掌握电喷发动机燃油喷射系统组成和工作原理。

②对照实物,认识和了解发动机电喷系统主要传感器,掌握主要传感器工作原理及特点。

③通过电喷系统实训教学台架,认识和了解发动机电喷系统电路,掌握电喷系统基本电气原理。

3.3.2 电控汽油喷射系统基础知识

燃油供给系统是保障发动机正常运转的重要系统之一,按其工作方式,汽油发动机的燃油喷射系统可分为化油器式和电控燃油喷射式两大类。化油器式燃油供给系统在汽车发动机上已被淘汰,当前汽车上的内燃机基本都采用电控燃油喷射式燃油供给系统。电控燃油喷射系统利用电控技术控制喷油器,将燃油直接喷射到发动机进气管道或者气缸中,与气缸吸入的空气一起形成可燃混合气。燃油喷射系统通过控制喷射燃油的压力和喷油时间,可非常精确地控制喷油量。系统根据发动机不同工况对燃油喷射量进行适时调整,从而保障发动机在各工况下尽可能获得最优的动力性、经济性和排放性。与传统的化油器式燃油供给系统相比,电控燃油喷射系统对供油量的控制更精准,针对工况对燃油喷射量进行调节的能力更强大,对发动机性能提升起到了重要作用。

电控汽油喷射系统的优点主要体现在以下几个方面:

①能根据发动机的工况需求,灵活地控制喷油时间和喷油量,使发动机在任何工况下都能获得最佳空燃比的混合气,提高发动机动力性、经济性和排放性等综合性能。

②采用电控汽油喷射系统进行供油,可使进入发动机各气缸内的混合气从空燃比到进气量都更均匀一致,使各缸工作情况更机动,有利于降低发动机工作时的噪声和振动。

③与化油器系统相比,它取消了进气道中狭窄的喉管,进气阻力更小,进气量更大。

汽油喷射系统其结构和工作原理是多样的,不同厂家有不同解决方案,可从不同角度对汽油喷射系统进行分类。

①汽油喷射系统有多种控制方式,可根据其控制方式分为机械控制型、电子控制型和机电混合控制型等。其中,电子控制型对工况适应能力最强,对喷油量和喷油时间的控制最为灵活,在实际中被广泛使用。

②汽油喷射系统喷油嘴可处于不同位置,可根据喷油位置不同将系统分为缸内喷射型和缸外喷射型。

③汽油喷射系统喷油嘴的喷油特性也有差别,可根据喷油嘴喷油特性将喷射系统分为连续喷射型和间歇喷射型。

④进气量检测是燃油喷射系统决定燃油喷射量的重要参数,根据进气检测传感器的类型,可将汽油喷射系统分为流量型和压力型。

3.3.3　电控汽油喷射系统结构和基本原理

电控汽油喷射系统(Electronic Fuel Injection, EFI)结构简图如图 3.3.1 所示,它主要由各类传感器、执行器和一个电子控制单元(Electronic Control Unit, ECU)组成。系统中包含多种传感器,用于监测发动机工作状态,为燃油喷射系统喷油时间和喷油量决策提供依据。系统中执行器包括电动汽油泵、节气门和喷油器等,通过控制这些执行器,电控燃油喷射系统可对喷油量和进气量等对发动机工作具有决定性影响的参数进行精确控制,实现系统控制目标。电控汽油喷射系统中的电控单元根据其内部运行的控制程序,将各类传感器的测量数据进行汇总分析,对发动机工作状态进行实时判断,并根据其内部存储的程序,按照发动机工况需求对喷油量和喷油时间进行精确控制,从而使发动机在不同工况下均能获得最佳的混合气浓度。通过上述控制,使发动机在不同工况下均能表现出良好的动力性、经济性、排放性。

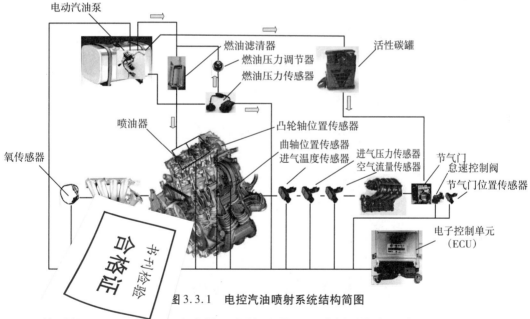

图 3.3.1　电控汽油喷射系统结构简图

具体到每一个内燃机来说,电控汽油喷射系统有很多不同的结构和类型,但它们都具有空气供给系统、燃油供给系统和电控系统等几个基本组成部分。下面将对空气供给系统、燃油供给系统和电控系统的主要部件分别进行简要介绍。

1)燃油供给系统功能及组成

燃油供给系统的功能是,根据电控单元的控制信号,通过燃油压力调节阀和喷油器的调节作用,按发动机不同工况需求,将一定数量的燃油精确喷射到进气歧管或气缸内,从而在不同工况下为发动机提供最佳空燃比的可燃混合气。在采用电控汽油喷射系统的发动机中,燃油喷射系统通常由油箱、电动油泵、汽油滤清器、燃油分配管、汽油压力调节阀、喷油器和输油管道等组成。

(1)电动汽油泵

电动汽油泵的作用是,将汽油泵入油路,并产生一定的流动压力,作为燃油流动的动力源。常见的电动汽油泵有滚筒式和叶片式两种,电动汽油泵如图3.3.2所示。

图3.3.2　电动汽油泵

(2)燃油分配管

燃油分配管将燃油输送到喷油器,它可存储一定量的燃油,同时管道具有弹性,可对燃油压力波动起到缓解作用。稳定与否的压力对喷油器喷油量的控制非常关键,因而燃油分配管对燃油压力波动的平抑作用对维持系统正常工作非常关键。燃油分配管如图3.3.3所示,可进一步在发动机上观察实物。

图3.3.3　各型号燃油分配管

(3)燃油压力调节器

燃油压力调节器的作用就是,调节进入喷油器的燃油压力,使进入喷油器的燃油压力与进气管空气压力之差保持恒定,这样喷油器就可通过控制喷油时间对喷油量进行精确控制。燃油压力控制的准确和平稳与否,对喷油量控制具有重要影响。燃油压力调节器外形如图3.3.4所示。

图 3.3.4　燃油压力调节器

（4）喷油器

喷油器能根据电控单元的指令开启和关闭燃油喷射通道，在供油和进气压力差恒定的情况下，通过控制燃油喷射时间，能精确控制燃油喷射量，从而在不同工况下对可燃混合气的浓度进行精确控制。喷油器如图 3.3.5 所示，它是电控汽油喷射系统中的关键部件，对于多点燃油喷射系统，发动机每个气缸都配有一个喷油器。

图 3.3.5　喷油器

2）空气供给系统功能及组成

空气供给系统的功能是对进气量进行调节，并通过传感器对进气量进行准确测量，为燃油喷射量控制提供依据。在采用电控汽油喷射系统的发动机中，空气供给系统通常包括空气流量传感器、怠速控制阀、节流阀和空气滤清器等主要部件，下面将分别进行介绍。

（1）空气流量传感器

在电控汽油喷射系统中，通过对喷油量的控制使发动机在不同工况下获得空燃比最佳的可燃混合气，而混合气浓度控制的前提是要知道进气量。空气流量传感器能对进入发动机的控制流量进行测量，测量结果是电控系统对喷油量进行控制，进而控制混合气浓度的重要依据。可以看出，空气流量传感器是汽油喷射系统中最关键的传感器之一，如图 3.3.6 所示。空气流量传感器具有多种不同的类型，常见的有叶片式、热模式和热线式等。

图 3.3.6　空气流量传感器

（2）怠速控制阀

怠速控制阀通常安装在节气门上，它通过对发动机节气门的自动控制，使发动机能在怠速工况下稳定运行。怠速控制阀内部有步进电机，能在怠速状态下对节气门开度进行自动调节。怠速控制阀是一个执行器，其实物如图 3.3.7 所示。

图 3.3.7　怠速控制阀

（3）节气门

节气门能对发动机进气量进行调节，气门开度越大，则发动机进气量越大，此时燃油喷射系统喷油量也越大，发动机输出功率就越大。节气门开度的控制方式有拉线式和电控式两种，拉线式节气门通过钢丝拉线与驾驶员加速踏板相连，由驾驶员通过加速踏板直接控制。电控式节气门内置步进电机或伺服电机，由发动机电控单元根据驾驶员对加速踏板的操作及发动机自身状态进行调节和控制，现代车辆中多采用电控式节气门。节气门内通常安装有节气门位置传感器，用于测量节气门位置并将位置信号发送给电控单元，为电控单元控制喷油量提供决策依据。其实物如图 3.3.8 所示。

图 3.3.8　节气门

3）电子控制系统

电控汽油喷射控制系统主要由传感器、执行器和电子控制单元 ECU 等几部分组成,在前面燃油供给系统和空气供给系统的叙述中已经对部分传感器和执行器进行了介绍,下面将对控制系统中其他的重要部件进行简要介绍。

（1）电控单元

电控单元内部运行程序,根据传感器监测数据对系统状态和工况进行判断,进而依据程序对执行器发出控制指令,对系统进行调节和控制,它相当于控制系统的大脑。典型的汽油喷射系统控制器如图 3.3.9 所示,它内部包含中央处理器、各类存储器和输入、输出接口等组成部分。

图 3.3.9　典型的汽油喷射系统控制器

汽油电喷系统控制器采集和汇总系统中的发动机转速、进气歧管压力、氧传感器、进气温度、节气门开度和冷却水温等传感器信号,并按内部程序对输入信号进行处理和分析,从而判断系统状态和运行工况。在此基础上,控制器根据控制程序计算出控制信号,并将控制信号发送至电动燃油泵、喷油器和冷启动喷油器等执行器,以对不同发动机状态和工况下的喷油时间和喷油量进行调节,从而保障发动机在各种状态和工况下都能具有最佳的混合气浓度,获得良好的动力性、经济性和排放性等性能。控制器除需稳定可靠的硬件之外,还需配合良好的控制软件,这往往是多年工程积累的经验,是电喷系统开发的核心和关键。

（2）传感器

①节气门位置传感器。节气门位置传感器的作用是对节气门开度进行测量,将其转换为电信号并连接到电控单元相应的信号采集端口。电控单元根据发动机工况和状态对燃油喷射量进行调节和控制,而节气门开度信号是电控单元判断发动机工况的重要依据之一,该传感器的信号对控制单元判断发动机工况至关重要。可根据不同的测量原理对节气门位置进行测量,因而节气门位置传感器有多种不同的类型。节气门位置传感器通常与节气门集成在一起,其外观如图 3.3.10 所示,可在发动机实物上找到节气门位置传感器并观察。

图 3.3.10　节气门位置传感器

②冷却液温度传感器。喷油量与发动机热机状态有关,冷却液温度传感器可监测发动机冷却液温度,并将其温度值发送给电子控制单元。电子控制单元根据发动机冷却液温度,再结合其他传感器的信息,对喷油器喷油时间和喷油量进行调整。冷却液温度传感器通常安装于发动机的气缸盖或者缸体上,并且深入到发动机冷却液流道内,可准确监测发动机冷却液温度。发动机冷却水温传感器有多种类型,较常见的是热敏电阻式温度传感器。发动机冷却液温度传感器如图 3.3.11 所示。

图 3.3.11　冷却液温度传感器

③发动机进气温度传感器。要准确控制空燃比需测量发动机进气量,发动机通过进气流量传感器对进气量进行测量。空气温度对进气流量传感器测量值的准确性具有较大影响,因而在测量空气流量时需同时测量空气温度,并根据空气温度对进气流量测量结果进行修正。发动机进气温度传感器通常与空气流量传感器结合在一起,它们两者相互配合,可准确测定空气密度及流量,从而为燃油喷射量的确定提供准确的进气量数据。发动机进气温度传感器如图 3.3.12 所示,它的前端深入到进气道中,与吸入发动机的空气接触,从而测定空气温度。

图 3.3.12　进气温度传感器

④曲轴位置和转速传感器。曲轴位置和转速对于控制器决定喷油时刻具有重要作用,因而需用传感器测定曲轴位置和转速,通常将测量曲轴位置和转速的传感器合二为一,由同一个传感器测定。常见的曲轴位置和转速传感器工作原理如图 3.3.13(a)所示,它由一个类似齿轮的脉冲盘和一个基于电磁感应的传感头组成。传感器的脉冲盘安装于曲轴上,随发动机曲轴一起转动,脉冲盘由金属制成,其上有类似齿轮的齿,通常有 60 颗,均匀分布在圆盘边缘,但有两个位置留空。传感器的感应头固定在发动机机体上,对准脉冲盘边缘,但与脉冲盘边缘保留一定距离,避免相互接触。当脉冲盘随曲轴转动时,每一个齿转过传感器

感应头时,都将导致感应头中线圈磁通量发生变化,进而在感应头的线圈中感应出交变信号,缺齿处通过感应头时,则会产生一个特殊波形。可以看出,随着曲轴转速的变化,感应头产生的感应波形也会随之变化,控制器通过对波形的处理可计算出曲轴的位置和转速。曲轴位置和转速传感器外形如图 3.3.13(b) 所示。

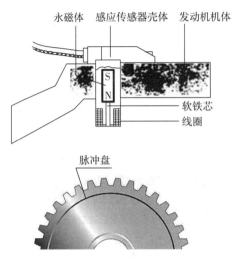

（a）曲轴位置和转速传感器原理　　　　（b）曲轴位置和转速传感器实物

图 3.3.13　曲轴位置和转速传感器

⑤凸轮轴位置传感器。在电喷发动机中,点火和喷油时刻的确定都需以凸轮轴位置为依据,凸轮轴位置传感器可将测量出的凸轮轴位置发送给控制单元。凸轮轴传感器的工作原理与曲轴转速和位置传感器类似,由一个圆盘形转子和一个基于电磁感应原理的感应头组成。凸轮轴位置传感器的转盘安装在凸轮轴上,与凸轮轴一起转动,转盘边缘有齿形凸起。凸轮轴位置传感器的感应头固定在气缸盖上,对准转盘边缘,与转盘间隔一定距离,使其不相互接触。与曲轴位置传感器的转盘不同,凸轮轴位置传感器的转盘上只有一个齿,当凸轮转动促使转盘上的齿经过感应头时,则在感应头线圈中产生一个感应信号。控制器根据凸轮轴位置传感器产生的感应信号,通过计算确定凸轮轴在第一缸上止点的位置,并以此为基准计算出其余各缸到达上止点的时间。根据凸轮轴的位置,可进一步确定喷油和点火时刻,为喷油和点火系统的控制提供重要依据。凸轮轴位置传感器外形如图 3.3.14 所示,其波形如图 3.3.15 所示。

⑥氧传感器。为满足日益严格的排放要求,现代发动机中通常配置氧传感器,对发动机排放的废气中氧含量进行测量,并根据废气中氧含量测量结果对喷油量进行调整,从而优化发动机排放性能。氧传感器可监测发动机排放的废气中氧分子的浓度,该信号传输到控制器时,控制器便根据该检测值计算可燃混合物实际空燃比与理论空燃比的偏差,从而对喷油量进行调整,以使发动机尽可能获得理想的空燃比。氧传感器通常安装在发动机排气管上,有多种类型和原理,其中氧化锆氧传感器应用最为广泛。典型的氧传感器如图 3.3.16 所示。

图 3.3.14　凸轮轴位置传感器

1缸压缩上止点

凸轮轴一个完整波形

(4 个跛行波形周期相同,占空比两个相同)

图 3.3.15　凸轮轴位置传感器示波器信号

图 3.3.16　氧传感器

3.3.4　电控汽油喷射的时刻控制和电子点火控制

1)电控汽油机燃油喷射时刻控制

根据燃油喷射是否连续,汽油喷射系统可分为连续喷射系统和间歇喷射系统。顾名思义,连续喷射系统在发动机工作期间,连续地向进气道内喷射燃油;而间歇喷射系统则是间歇性喷油。现代采用电控喷射的汽油发动机,均采用间歇燃油喷射系统。

对于汽油机间歇燃油喷射系统,对各缸的燃油喷射时间可采用不同策略,进一步细分为各缸同时喷射、各缸成组喷射和各缸顺序喷射 3 种方式。各缸同时喷射是指各缸喷油时间完全相同,电控单元发出喷油指令时,各缸喷油器同时执行指令,同时喷油;各缸成组喷射是指将发动机气缸分组,如四缸发动机通常 1、4 缸为一组,2、3 缸为一组,每一组喷油器分别连接电控单元的不同输出端口,电控单元可控制两组气缸的喷油器在不同时刻分别喷油,这种控制方式对各缸喷油时序的控制相较于同时喷射更加灵活;各缸顺序喷射则是指发动机各缸的喷油器各自单独连接到控制器的不同输出端口,控制器可按各缸工作顺序,对每一个气缸的喷油时刻单独进行控制。可以看出,各缸顺序喷射的方式最为灵活,发动机可根据各缸需求和工作状态灵活调整和控制其喷油时刻,喷油正时可从发动机运行稳定性、功率、经济性和排放的角度进行充分优化,使发动机各缸均达到最佳工作状态。现代汽油发动机普遍采用顺序喷射的方式。

本实验中的发动机试验台采用的喷射方式即是各缸顺序喷射,各缸喷油时序如图3.3.17 所示。图 3.3.18 为喷油示波器信号。

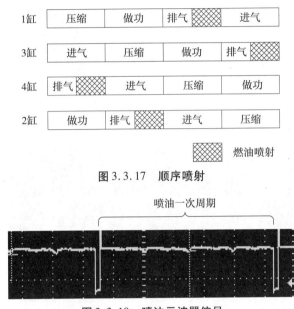

图 3.3.17　顺序喷射

图 3.3.18　喷油示波器信号

2)点火控制

要使发动机获得良好的动力性、经济性和排放性等性能,除对混合气浓度进行控制外,点火时刻也非常关键,因此点火时刻也是电喷发动机控制系统的重要参数。点火时刻通常用点火提前角表示,点火提前角是指从点火时刻到活塞到达压缩上止点这段时间内曲轴转过的角度。现代电控发动机能根据发动机运行状态和工况,通过软件算法对每一缸的点火提前角进行精确控制和调整,以优化发动机运行状态。点火提前角的电子控制为爆震控制提供了可能,现代发动机中通常设置爆震传感器,对发动机是否发生爆震进行监控,若发现发动机有轻微爆震的情况,即通过软件算法对点火时刻进行调整,从而减弱或消除爆震现象。

在点火正时控制中,电控单元通过曲轴位置和转速传感器、凸轮轴位置传感器、空气流量传感器、进气歧管压力传感器、进气温度传感器、发动机冷却水温传感器、节气门位置传感器、发动机转速传感器以及爆震传感器等对发动机状态和运行工况进行精确判断,并根据事先设定好的程序,以及发动机自身状态和工况对各缸点火提前角进行调整。通过综合运用燃油喷射控制和点火提前角控制两种手段,使发动机在各种状态和工况下均能获得理想的动力性、经济性、排放性及振动和噪声性能。

汽油发动机通过火花塞进行点火,图 3.3.19 为发动机教学台架上的火花塞照片,图 3.3.20 为通过示波器监测得到的点火信号。

图 3.3.19　发动机火花塞

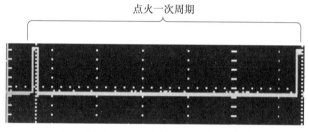

图 3.3.20　示波器上显示的点火信号

3.3.5　发动机电喷系统电路原理、实验仪器和设备

在全车电器试验台上观察发动机燃油喷射和电喷系统电路,理解其连接关系和工作原理,并通过示波器观察其喷油和点火波形,理解各缸喷油顺序和点火提前角。对混合动力汽车来说,其电喷系统与传统燃油车基本相同,可在混合动力汽车电气原理实训台架上观察混合动力汽车发动机电喷系统工作信号,并与传统燃油车电喷系统控制信号进行对比。

本实验中将用到以下台架设备:

①全车电气原理实训台,如图 3.3.21 所示为帕萨特 B5 全车电气原理实训台。通过该实训台可观察发动机电喷系统典型传感器、执行器、控制器及其相互间的连接关系,理解其工作原理。可用示波器观察发动机喷油、点火信号,以便对发动机点火、喷油过程建立直观和感性认识。

②混合动力汽车全车电气原理实训台,通过该实训台观察混合动力汽车中发动机电喷系统传感器、执行器、控制器等及其连接关系,通过示波器观察其点火和喷油信号,理解其工作原理,并建立混合动力汽车发动机电喷系统感性认识。通过对混合动力汽车发动机电喷系统的观察,将其与传统燃油车电喷系统进行对比。图 3.3.22 为丰田普锐斯混合动力系统电气原理实训台。

③多通道数字示波器如图 3.3.23 所示,用示波器观察发动机点火、喷油信号,也可对某些传感器信号进行观察,以理解其工作原理。

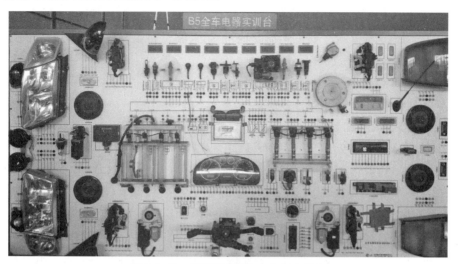

图 3.3.21　帕萨特 B5 全车电气实训台

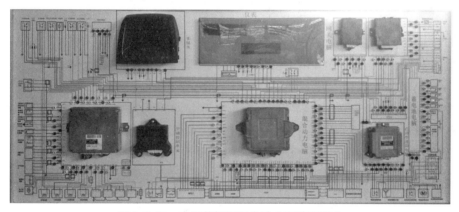

图 3.3.22　丰田普锐斯混合动力系统实训台

图 3.3.23　多通道数字示波器

3.3.6　实验步骤及内容

①全车电气原理实训台认知。

a. 观察帕萨特 B5 全车电气原理实训台,找出与发动机电喷系统相关的传感器、执行器和控制器,观察发动机电喷系统各传感器、执行器和控制器之间的连接关系,绘制发动机电喷系统组成框架图及电气原理图。对照汽车构造、发动机原理等理论知识,理解发动机电喷系统工作过程和工作原理,并结合实物,建立发动机电喷系统感性认识。

b.认识发动机电喷系统主要传感器及执行器,查阅资料了解这些传感器及执行器的功能、工作原理以及在发动机上的安装位置等。

②在帕萨特 B5 全车电气原理实训台上,用示波器观察发动机电喷系统传感器信号及电控单元控制信号。

a.帕萨特 B5 采用 4 缸汽油发动机,有 4 个喷油器。帕萨特 B5 全车电气原理实训台上有 N30、N31、N32 和 N33 4 个喷油器,T121/96、T121/89、T121/97 和 T121/88 等 4 个测试端口与发动机控制单元输出到 4 个喷油器的控制线束相连。将示波器 CH1 ～ CH4 等 4 个通道的探头分别插入 T121/96、T121/89、T121/97 和 T121/88 端口中,在实训台上启动发动机,使其处于工作状态。通过示波器观察并记录发动机 4 个喷油器的喷油信号,找出发动机各缸喷油顺序。

b.帕萨特 B5 全车电气原理实训台上有曲轴位置和转速传感器 G28、凸轮轴位置传感器 G40,T121/90、T121/98 2 个测试端口分别连接到曲轴位置和转速传感器 G28 和凸轮轴位置传感器 G40。将示波器的探头 CH3、CH4 分别改接到 T121/90、T121/98 端口,调整示波器观察记录 4 个通道 CH1 ～ CH4 的波形及时序。通过观察示波器 CH1、CH2 通道上的喷油信号以及 CH3、CH4 通道上曲轴位置和转速传感器、凸轮轴位置传感器等信号之间的时序关系,认识和理解喷油信号与曲轴位置、凸轮轴位置之间的时序关系。

c.在帕萨特 B5 全车电气原理实训台上,用示波器记录发动机各缸点火喷油波形、曲轴位置和转速传感器波形、凸轮轴位置传感器波形,并结合发动机原理,找出各缸喷油顺序和喷油时刻,分析这些波形之间的时序关系,进一步认识和理解发动机电喷系统工作原理。

d.在帕萨特 B5 全车电气原理实训台上,调节发动机节气门开度,使发动机处于不同工况和状态,用示波器记录节气门开度传感器信号、空气流量传感器信号、发动机冷却水温度信号、发动机转速信号及各缸喷油和点火信号。分析不同节气门开度、不同空气流量、不同发动机水温和不同发动机转速下发动机喷油信号脉宽的差别,并运用发动机原理知识分析和理解造成这些差异的原因。

③在帕萨特 B5 全车电气原理实训台上,记录观察点火喷油波形时序。

在帕萨特 B5 全车电气原理实训台上,将示波器的 CH1 通道连接到 1 缸点火信号,CH2 通道连接到 1 缸喷油信号,CH3 连接到曲轴位置和转速传感器输出信号,CH4 连接到凸轮轴位置的传感器输出信号。调整示波器,观察并记录 4 个通道的波形及时序,并结合发动机原理知识,分析喷油及点火时刻的控制策略。

④丰田普锐斯混合动力汽车全车电气原理实训台认知。

a.观察丰田普锐斯混合动力汽车全车电气原理实训台,找出与发动机电喷系统相关的传感器、执行器和控制器,观察发动机电喷系统各传感器、执行器和控制器之间的连接关系,绘制发动机电喷系统组成框架图及电气原理图。对照汽车构造、发动机原理等理论知识,理解发动机电喷系统工作过程和工作原理,并结合实物,建立发动机电喷系统感性认识。找出混合动力系统其他关键部件,了解它们之间的连接关系,绘制丰田普锐斯混合动力汽车动力传动系统原理图,查阅资料,并对照实物,了解混合动力系统工作的能量流路径。

b. 认知丰田普锐斯混合动力汽车发动机电喷系统主要传感器及执行器,查阅资料,了解这些传感器及执行器的功能、工作原理及其在发动机上的安装位置等。与帕萨特 B5 传统燃油车进行对比,分析并总结两车电喷系统的相同和不同之处。

⑤在丰田普锐斯混合动力汽车全车电气原理实训台上,用示波器观察发动机电喷系统传感器信号及电控单元控制信号。

a. 丰田普锐斯混合动力汽车全车电气原理实训台上有 4 个喷油器,它们的控制信号可通过 A2、A3、A4 和 A5 4 个测试端子进行观察。将示波器的 4 个探头 CH1 ~ CH4 分别连接到 A2、A3、A4 和 A5,观察并记录 4 个缸的喷油顺序及波形时序,并与帕萨特 B5 的信号进行对比,分析其相同与不同之处。

b. 将示波器的探头 CH3、CH4 分别改接到 A33、A26 端口,调整示波器,观察并记录 4 个通道 CH1 ~ CH4 的波形及时序。通过观察示波器 CH1、CH2 通道上的喷油信号以及 CH3、CH4 通道上曲轴位置和转速传感器、凸轮轴位置传感器等信号之间的时序关系,认识和理解喷油信号与曲轴位置、凸轮轴位置之间的时序关系。与帕萨特 B5 传统燃油车上的相关信号进行对比,看它们有无不同。

c. 在丰田普锐斯混合动力汽车全车电气原理实训台上,用示波器记录发动机各缸点火喷油波形、曲轴位置和转速传感器波形、凸轮轴位置传感器波形,并结合发动机原理,找出各缸喷油顺序和喷油时刻,分析这些波形之间的时序关系,进一步认识和理解发动机电喷系统工作原理。将相关分析结果与帕萨特 B5 传统燃油车进行对比,看它们有无不同。

d. 在丰田普锐斯混合动力汽车全车电气原理实训台上,调节发动机节气门开度,使发动机处于不同工况和状态,用示波器记录节气门开度传感器信号、空气流量传感器信号、发动机冷却水温度信号、发动机转速信号及各缸喷油和点火信号。分析不同节气门开度、不同空气流量、不同发动机水温和不同发动机转速下发动机喷油信号脉宽的差别,并运用发动机原理知识分析和理解造成这些差异的原因。将相关分析结果与帕萨特 B5 传统燃油车进行对比,看它们有无不同。

⑥在丰田普锐斯混合动力汽车全车电气原理实训台上,观察并记录点火喷油波形时序。

在丰田普锐斯混合动力汽车全车电气原理实训台上,将示波器的 CH1 通道连接到 1 缸点火信号,CH2 通道连接到 1 缸喷油信号,CH3 连接到曲轴位置和转速传感器输出信号,CH4 连接到凸轮轴位置的传感器输出信号。调整示波器,观察并记录 4 个通道的波形及时序,并结合发动机原理知识,分析喷油及点火时刻的控制策略。将相关分析结果与帕萨特 B5 传统燃油车进行对比,看它们有无不同。

注意事项:

①在用示波器进行测试时,应准确识别全车电气原理实训台上电气元件各端子的名称和编号,避免接错。

②连线完成后,需经过指导老师现场确认后方可通电开展相关测试实验,以免因接错线束而发生事故。

③及时做好实验记录并完成分析报告。

3.4 通机结构分析实验

3.4.1 实验目的

①了解并掌握通机基本组成、各部件功能和装配关系,熟悉并掌握通机工作原理、工作特点。

②了解并熟悉通机拆卸和装配方法、注意事项等,能够正确完成通机的拆卸和装配操作并撰写报告。

3.4.2 通机结构

通机是通用机械的简称,是指除汽车及特殊用途发动机以外的小型通用汽油机,其功率一般在 30 kW 以下。通机通常是两冲程发动机,少部分为四冲程,缸数通常为单缸,少部分为多缸。车用发动机由于车辆的特殊使用环境,在动力性、经济性、排放性、工况适应性、振动噪声性能、体积、重量、环境适应性和附件驱动功能等方面有特别要求。而通机广泛用于小型农林机械、农机具、小型园林机械、小型发电设备和小型建筑机械等,其功能和性能要求与车用发动机相比大为简化。与车用发动机相比,通机具有体积小、质量轻、价格低、使用方便及技术要求相对简单等特点。

在系统组成方面,通机与车用发动机基本相同,它主要由机体组、曲柄连杆机构、配气机构、燃油供给系统、冷却系统、润滑系统、启动系统和点火系统等几大部分组成。与车用发动机相比,通机较少驱动很多附件,因而其外部附件较少,此外通机通常采用风冷,因而其冷却系统大大简化,有的集成有冷却风扇。车用发动机的油箱较大,油箱通常与发动机分开布置,而通机由于功率小,其油箱不是很大,通常将油箱与发动机整合在一起。车用发动机电控系统复杂,它在启动时需车辆其他电控系统通信,因而很难脱离车辆其他控制系统来单独工作;通机的控制系统则相对简单,可单独启动工作,因而方便在多种机械、多种应用场景下使用。

图 3.4.1 为隆鑫通机产品 G420FA 外形图,该机采用顶置式气门(OHV 25°倾斜设计),气缸盖顶部装有气缸盖罩 9,气缸体外部为风冷扇热片 6,两侧分别装有空气滤清器 1 与排气装置 10,油箱 3 位于发动机顶部,外部还有一个电门开关 4 与一个启动装置 5 用于启动发动机。可以看出,该发动机集成了包括油箱在内的、运行必需的全部系统,可单独启动运行,因而使用方便,可用于多种机械和应用场景。

图 3.4.1 所示的通机为二冲程、单缸发动机,它的内部结构如图 3.4.2 所示。与常见的车用发动机不同,该发动机凸轮轴位于发动机下部,通过凸轮轴定时齿轮 6 与曲轴定时齿轮 7 啮合,由曲轴驱动凸轮轴 11 转动。凸轮轴 11 通过挺柱 12、推杆 13 和摇臂 1 等部件控制气门开闭,从而控制缸内可燃混合气的进入与废气的排出。这种凸轮轴在发动机底部的配气机构称为下置式凸轮轴配气机构,在通机中较常采用。曲柄连杆机构在结构机布置上与普

通车用发动机类似,不同之处在于通机连杆大头顶部多一个搅油机构8,用于搅动润滑油,实现飞溅润滑。

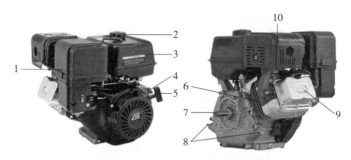

图 3.4.1　通机的外部结构及附件

1—空气滤清器;2—油箱盖;3—油箱;4—开关;5—启动装置;6—风冷扇热片;7—输出轴;
8—机油加注盖;9—气缸盖罩;10—消声器

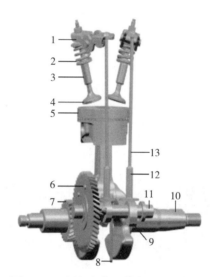

图 3.4.2　通机配气机构与曲柄连杆机构

1—摇臂;2—气门弹簧;3—气门推杆;4—气门;5—活塞;6—凸轮轴定时齿轮;
7—曲轴定时齿轮;8—搅油机构;9—凸轮;10—曲轴;11—凸轮轴;12—挺柱;13—推杆

3.4.3　通机结构分析及实验器材

①通机 1 台。

②发动机拆装工具 1 套。

③拆装操作台、零部件存放台 1 个。

④机油壶、润滑油、棉纱和棉手套等。

3.4.4　通机拆装操作步骤及注意事项

1)将通机内部机油清空

图 3.4.1 中 8 为机油加注盖,在拆装通机前,先将机油加注盖拧开,将通机一侧抬起,并

从机油加注口倒出机油,如图 3.4.3 所示。用机油壶接住倒出的机油,放置在零部件摆放台。注意待机油流尽后再进行拆装操作,以免拆卸过程中机油溢出,对拆装场地造成污染。

图 3.4.3 清空机油

2)拆卸空气滤清器

空气滤清器拆卸步骤如下:

①首先拆下空气滤清器壳体,空气滤清器壳体紧固螺母如图 3.4.4(a)所示,将其拧松,然后将空气滤清器壳体取下。将取下的空气滤清器壳体及其紧固螺母一起摆放于零部件存放台,以方便后续安装操作。

②拆下空气滤清器壳体后便可拆下空气滤芯,空气滤芯紧固螺母如图 3.4.4(b)所示,将其拧松后取下空气滤芯。将空气滤芯及其紧固螺母一起摆放于零部件存放台,以方便后续安装操作。

(a)空气滤清器壳紧固螺母　　　　　　(b)空气滤芯紧固螺母

图 3.4.4 空气滤清器的拆卸

③用棘轮扳手配合十字螺丝刀拧松进气道护罩紧固螺钉,取下进气道护罩,以方便后续拆卸调速阀,如图 3.4.5 所示。将取下的进气道护罩与螺钉一起摆放于零部件存放台,以方便后续安装操作。

注意事项:

在拆卸掉进气道护罩之后即可看到化油器整体,化油器不用拆卸。化油器的作用是利用气缸内的负压吸入空气时产生的空气流动实现汽油雾化,产生可燃混合气。由于对多种工况的适应能力较差,现代车用发动机中已淘汰了化油器,全面使用电喷系统。由于通机工况较车用发动机简单,且通机在各使用场景下的性能要求没有车用发动机高,化油器工况适应能力差的缺点便显得不那么突出,且与昂贵且技术复杂的电喷系统相比,化油器比较便宜简单,因而在通机上的应用还较为广泛。可查阅资料,了解化油器的工作原理,并与电喷系统进行对比,分析其优缺点。

图3.4.5　进气道护罩

3)拆卸排气管与消声器

在拆掉空气滤清器后将排气管与消声器拆下,排气管与消声器由两个螺栓固定,固定螺母如图3.4.6(a)所示。将两个固定螺母松开,可取下排气管与消声器总成。在排气管与消声器总成与发动机机体的连接处有一个密封垫圈,取下垫圈,如图3.4.6(b)所示。将拆下的螺母、垫圈及排气管与消声器总成放置于零部件存放台,以免丢失,方便后续安装操作。

(a)排气管固定螺母　　　　　　(b)排气管与消声器总成的垫圈

图3.4.6　排气管与消声器的拆卸

4)拆卸调速阀体

在拆卸调速阀前应先拔掉火花塞上的高压点火线圈,如图3.4.7(a)所示。调速阀由2个螺丝固定,如图3.4.7(b)所示,拧下固定螺丝,将调速阀取下。将取下的高压线圈、固定螺丝和调速阀总成放置在零部件存放台,以免丢失,方便后续的安装操作。

5)拆卸启动装置

启动装置连接着电源线,在拆卸启动装置之前,需将启动装置与启动电源之间的连接线断开。启动装置与电源之间的连接线通过接插件连接,如图3.4.8(a)所示。两手分别拉住接插件两边,然后用力拔开接插件,如图3.4.8(b)所示。

拔出电源线连接的接插件后便可拆卸启动装置,如图3.4.8(c)所示,启动装置由4个螺丝固定。用棘轮扳手配合套筒依次拆掉启动装置的4个连接螺丝,然后取下启动装置,如

图3.4.8(d)所示。将拆下的启动装置及其连接螺丝一起摆放到零部件存放台,以免丢失,方便后续安装操作。

（a）拔掉高压点火线圈

（b）调速阀固定螺丝

图3.4.7　调速阀拆卸

（a）启动装置电源线接头

（b）拔下电源线接头

（c）启动装置的4个固定螺丝

（d）拆卸启动装置

图3.4.8　电源线的拔除与启动装置拆卸

6）拆卸油箱

油箱由3个螺栓固定,如图3.4.9（a）、（b）所示,用棘轮扳手配合套筒依次拆下油箱的3个固定螺母。如图3.4.9所示,油箱固定螺母下有垫圈,在拆卸油箱固定螺母的过程中注意不要将垫圈弄丢。取下螺母及垫圈,一起摆放于零部件存放台,以免丢失,方便后续安装操作。

燃油箱固定螺母拆下后,还要将燃油管取下。拔出燃油管的时候,先将油箱向外翻转,使油箱燃油管接口处于高位,防止拔掉燃油管后,油箱内残余的燃油从接口处流出。燃油管连接接头如图 3.4.10(a)所示,用手将固定燃油管的夹子往下压,拔出燃油管,然后可将燃油箱抬下,斜着放置于零部件存放台,防止油箱内残余的燃油从接口处流出,油箱摆放方式如图 3.4.10(b)所示。

(a)油箱固定螺栓　　　　　　　　　　(b)油箱另一侧固定螺栓

图 3.4.9　拆卸燃油箱固定螺栓及垫圈

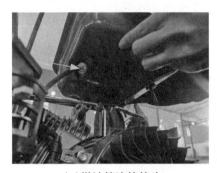

(a)燃油管连接接头　　　　　　　　　(b)油箱倾斜摆放

(c)小型发电机

图 3.4.10　燃油管的拆卸与油箱的摆放

通机通过一个小型发电装置发电,供火花塞及其他必要用电设备使用,取下燃油箱后可看到通机的小型发电装置,如图 3.4.10(c)所示。通机飞轮上安装的磁铁为发电机的磁极,当飞轮旋转时,安装在飞轮上的磁极便一起转动,产生旋转磁场。在磁极周围有固定在发动机机体上的线圈定子,磁极转动时,定子线圈便切割磁力线产生感应电流。

7)拆卸调速拉杆

调速拉杆固定螺母如图 3.4.11(a)所示,用棘轮扳手配合套筒将该螺母拧松,然后可将调速拉杆的摇臂向上拔出。将调速拉杆前端向后轻拉,并将连接调速拉干的连接件开口转到调速拉杆所在直线上,向上拿掉调速拉杆前端,如图3.4.11(b)所示。

(a)调速拉杆摇臂固定螺母　　　　　　　(b)调速拉杆前端固定处

图3.4.11　调速拉杆的拆卸

通机的调速装置位于其内部,调速拉杆摇臂端连接着通机的调速装置。调速装置在通机内部与曲轴有传动连接,随着曲轴转动而转动,当通机运行转速达到某一值时,调速装置在离心力作用下带动调速拉杆摇臂转动,实现对通机的调速,以防飞车。该调速装置的作用类似于普通发动机中的节气门回位弹簧。

8)拆卸气门盖

气门盖由4个螺丝固定,如图3.4.12(a)所示。用棘轮扳手配合套筒将4个固定螺丝拧松,再将气门盖往上提到高于气门摇臂的位置,将进气管拔出。取下气门盖、垫圈,并与固定螺丝一起放置于零部件存放台,以免丢失。

(a)气门盖固定螺丝　　　　　　　　　(b)取下气门盖

图3.4.12　气门盖的拆卸

9)拆卸散热片护罩

在拆掉通机气门盖后,还需拆掉通机的散热护罩,才能继续拆卸通机的缸盖部分。散热片护罩的作用是将散热片裸露在外的部分隔离,以防误触散热片被烫伤。通机散热片护罩的拆卸如图3.4.13所示,拧松图中箭头所指的紧固螺栓,取下护罩与螺栓,并摆放于零部件存放台,以防丢失。

图 3.4.13　散热片护罩的拆卸

10)**凸轮轴位置调整**

在拆卸气缸盖前,需调整凸轮轴位置,使进、排气门处于关闭状态,对应发动机处于压缩或做功冲程。若进、排气门没有处于关闭状态,此时凸轮会将挺柱往上顶,气门弹簧处于压缩状态,缸盖受气门弹簧向上的弹力较大。如果在这种状态下拆卸气缸盖,会导致气缸盖的紧固螺栓螺纹损坏。因此,在拆卸气缸盖前,需调整凸轮轴的位置,使气门处于关闭状态,此时气门弹簧对气缸盖的压力较小,便于气缸盖拆卸。

用手轻拨通机进气门与排气门摇臂,如图 3.4.14(a)所示,根据摇臂的松紧程度判断通机气门弹簧是否处于压紧状态,如果通机工作冲程不处于做功或压缩冲程,则按图 3.4.14(b)所示的方式转动曲轴,将通机调至做功或压缩冲程,此时气门弹簧对缸盖压紧力较小,可拆卸气缸盖。

(a)气门摇臂　　　　　　　　　(b)转动曲轴调整凸轮轴位置

图 3.4.14　凸轮轴位置的调整

11)**拆卸气缸盖**

气缸盖通过 4 个紧固螺栓安装在机体上,如图 3.4.15(a)所示。用棘轮扳手配合套筒分 3 次拧松气缸盖紧固螺栓,如图 3.4.15(b)所示。拧松螺丝后取下气缸盖、气缸盖垫片以及挺柱放置于零部件存放台,以防丢失。

12)**拆卸侧盖板**

侧盖板有 6 个固定螺丝,如图 3.4.16(a)所示。与气缸盖的拆卸方式相似,分 3 次拧松并取出气缸盖紧固螺栓,并按图 3.4.16(b)的方式,两手将侧盖板往上从曲轴上取出。将取下的侧盖板与紧固螺丝一起放置于零部件存放台,以防丢失,方便后续安装操作。

（a）气缸盖固定螺丝

（b）拆卸气缸盖固定螺丝

图 3.4.15　气缸盖的拆卸

（a）侧盖板固定螺丝

（b）将侧盖板从曲轴上取出

图 3.4.16　侧盖板的拆卸

13）拆卸凸轮轴及气门

　　侧盖板拆卸后曲轴箱内部结构如图 3.4.17（a）所示,稍许用力将凸轮轴从曲轴箱中拔出,如图 3.4.17（b）所示。将拆下的凸轮轴摆放于零部件存放台,以防丢失。取出凸轮轴后即可看见气门,如图 3.4.17（c）所示,将气门取出摆放于零部件存放台,通机的拆卸至此结束。

14）拆卸调速机构

　　通机调速机构如图 3.4.18（a）所示,它通过一个齿轮传动装置与曲轴连接,由曲轴驱动旋转。当曲轴转速较高时,调速机构转速也相应提高,当转速超过一定值,调速机构会因惯性作用向两边张开,带动调速机构轴往上移动,推动摇臂,带动调速拉杆摇臂转动,实现对通机转速的调节,以防飞车。

　　通机的浮子通过两根短的导轨安装在通机底部,如图 3.4.18（b）所示。正常情况下浮子是浮在机油表面的,随着机油的液面高度升降而升降,其作用是根据通机内部机油的多少控制通机火花塞电路的通断,保证通机的润滑,防止通机摩擦损坏。当通机内部机油不足时,浮子位置降低,将发电装置到火花塞的线路短路,通机无法启动。如果通机在运行过程中机油不足,则通机会熄火。

（a）曲轴箱内部装配关系

（b）取下凸轮轴

（c）取下气门

图 3.4.17　凸轮轴与气门的拆卸

（a）调速机构

（b）浮子

图 3.4.18　调速机构与浮子

15）零部件的检查与清洗

零部件拆卸过程中，将拆下的零部件按顺序摆放于零部件存放台，如图 3.4.19（a）所示。在通机装配之前需对气缸盖垫、挺柱、气门以及凸轮轴进行清洗，并检查零部件表面是否有异常，如图 3.4.19（b）所示。

16）通机装配

通机装配步骤与拆卸步骤相反，在装配凸轮轴时需将凸轮轴定时齿轮上的标记与曲轴定时齿轮的标记相对应。在装配气缸盖前需先调整凸轮轴位置，确保通机处于做功或压缩冲程如图 3.4.14（b）所示，装配气缸盖时仍需分 3 次拧紧螺栓，第 3 次用扭力扳手按规定要求打上扭矩。

（a）拆卸下的通机零部件　　　　　　　　（b）通机零部件清洗及检查

图 3.4.19　通机零部件的检查与清洗

第4章
汽车底盘结构分析实验

4.1 底盘结构与认知实验

4.1.1 实验目的

①将汽车构造理论知识和实物相结合,了解和掌握汽车底盘组成、结构、装配关系和各部件功能。

②了解和掌握轿车底盘和货车底盘在组成、构造、功能和性能等方面的差别,通过对底盘部件实物的观察和拆解,建立对底盘主要部件的感性认识。

③拓展对不同轿车底盘具体组成机构造的了解,查阅资料,了解先进底盘技术及其未来发展趋势。

4.1.2 底盘构造与认知

如图4.1.1所示,底盘包括传动系统、行驶系统、转向系统和制动系统等几大系统,它也

图4.1.1 汽车底盘总体图

是发动机、车身及车辆其他电器部件的安装基础,负责将发动机动力传递到车轮,并保障车辆具有正常的转向、制动和驱动等功能。

1)**传动系统**

车辆动力源发出的动力需传递到车轮以驱动车辆运行,传动系统是由安装在车辆动力源与车轮之间实现动力传递的零部件所组成的系统。传动系统所实现的功能包括:当车辆处于驱动状态时,传动系统能将动力源动力可靠传递到车轮,驱动车辆运行;根据动力源效率特性,在车速不同时,在动力源与车轮之间采用不同速比传递动力,以保障在不同车速下动力源都能高效运行;当动力源未熄火,而车速为0时,可中断动力源与车轮之间的动力传动,实现车辆空挡运行;当车辆倒车时,实现动力反向传递,实现倒车行驶;当车辆变速时,能切断动力源与车轮之间的动力传递。

传动系统由离合器、变速器、传动轴、万向传动装置和驱动桥等部分组成,如图4.1.2所示。各部分主要功能如下。

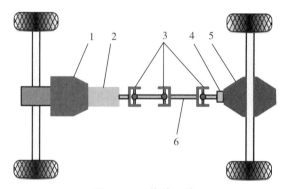

图 4.1.2　传动系统

1—液力变矩器;2—自动变速器;3—万向节;4—驱动桥;5—主减速器;6—传动轴

①离合器:在换挡时能快速切断动力源与车轮之间的动力传递,使变速器能实现换挡功能。在起步和换挡同步过程中,通过离合器滑磨,平稳传递动力,使起步和换挡过程更加平稳。

②变速器:通过改变动力源与车轮之间的传动比,使动力源在不同车速下都能工作在经济性较好的转速范围,提升动力源经济性。此外,变速器还能中断动力传递或实现反向动力传递,实现空挡和倒挡功能。

③万向传动装置:对于前置后驱或前置四驱的车辆,需将动力由车辆前部传递到后轮,万向传动装置能实现有夹角或相对位置经常发生变化的两轴之间的动力传递,消除车轮与动力源之间的运动干涉,增加动力传递的平稳性。

④主减速器:实现减速增矩的作用,将动力传递到差速器。

⑤差速器:能在车辆转向过程中实现左右半轴以不同速度转动,避免转向中车轮与地面打滑。

⑥半轴(传动轴):连接差速器输出端与车轮,将动力由差速器输出端传递到车轮。驱动桥、主减速器、差速器和传动轴实物如图4.1.3所示。

图4.1.3　驱动桥实物

2）行驶系统

行驶系统的作用包括：安装和支撑车身部件；传递和承受路面作用于车轮的反作用力及力矩，缓解路面不平对车身造成的冲击和振动，在车身和底盘部件之间起到缓和冲击、减少振动的作用，增加乘坐舒适性；车轮也是行驶系统的重要组成部分，通过车轮与地面之间的附着力驱动车辆运行；与转向系统配合，实现车辆转向功能，并在转向过程中保持车辆的横向稳定性，保障汽车行驶的平顺性和操作稳定性。

行驶系统包括车架、悬架、车桥和车轮等几个主要部分，下面分别对它们进行简要介绍。

①车架：车架是全车各总成和部件装配的机体，它将汽车各相关总成连接成一体，并承受车辆运行过程中各部件之间相互作用的载荷。有些汽车的车架与车身是融为一体的，难以从结构上单独进行区分，在轿车中这种方式尤为普遍。

②车桥：车桥主要用于连接左右车轮，传递并承受车轮载荷。

③悬架：悬架用于支撑车身，通过弹性、阻尼元件和导向杆系衰减路面通过车轮传递到车身的冲击和振动，提高车辆操纵稳定性和平顺性。

④车轮：车轮与地面接触，通过与地面之间的摩擦作用产生驱动力和制动力，驱动车辆运行。车轮具有较好的弹性，能缓冲路面不平对车辆的冲击和振动，提高车辆行驶时的平顺性。车轮在转向时产生侧向抗力、回正力，为车辆在转向过程中提供较好的侧向支撑，保证车辆转向的稳定性。

3）转向系统

转向系统的作用是根据驾驶员的操作改变车辆的行驶方向，此外转向系统还通常具有降速增矩与助力功能，以使驾驶员转向操作较为轻便。当驾驶员转动方向盘时，转向系统能将方向盘的转动传递到车轮，使车轮相对汽车纵向轴线转动一定角度，实现车辆转向。车轮转动角度与方向盘转角成一定比例，从而产生驾驶员期望的转向。

转向系统主要由转向操纵机构、转向器和转向传动机构等几部分组成，下面分别进行简要介绍。

①转向操纵机构：转向操纵机构主要包括转向盘、转向轴和转向管柱等，驾驶员通过操纵转向盘进行转向操作，转向盘的转动通过转向轴、转向管柱传递到转向器。

②转向器:转向器实现将转向盘传递来的转动转变为直线往复运动,转向器具有较大的传动比,能将转向操纵力放大,相应地使驾驶员转向操作更为轻便。为使转向操作更为轻便,现代车辆中通常还装备有转向助力装置。

③转向传动机构:转向传动机构将转向器输出的转向力传递到车轮,并使左右车轮按一定关系实现转向。

4)制动系统

现代汽车均设有行车制动和驻车制动两套制动系统,它们是相互独立的。行车制动系统的作用是按驾驶员对制动踏板的操作,对车辆产生制动力,使车辆减速或者停车。驻车制动也属于制动系统,它能使车辆在包括坡道等各种道路条件下稳定驻车。现代汽车行车制动装置还装设了防抱死制动装置,以改善和提高制动系统的制动性能。

结合汽车构造知识和实物零部件,对传动系统、转向系统、行驶系统和制动系统的组成、功能及装配关系进行学习,建立对相关零部件的感性认识,并能在实车上找出相关部件,为后续结构分析实验做好准备。

4.2　离合器结构分析实验

4.2.1　实验目的

①了解和掌握膜片弹簧离合器的结构、主要部件功能、装配关系、工作原理和特点。
②利用拆装工具对离合器进行拆装操作,掌握离合器拆装操作的步骤和方法。

4.2.2　离合器结构与原理

1)离合器的作用

离合器在动力源输出端与变速器装置之间传递动力,它能在车辆起步、换挡和停车等过程中通过滑摩作用平稳地传递动力,保障起步、换挡和停车过程中车辆的平顺性。在换挡等情况下,离合器可短暂中断动力源与传动系统之间的动力传递,使得换挡过程更为迅速平稳。离合器主要由主动部分、从动部分、压紧部分和操纵机构组成。

2)离合器的分类

车辆中常采用摩擦式离合器,按不同的分类方式,摩擦式离合器可分为多种类别。

(1)按从动盘数目进行分类

摩擦式离合器可有一个或多个从动盘,按从动盘数目的不同,可将摩擦式离合器分为单片式离合器、双片式离合器和多片式离合器等主要类型。

①单片式离合器:顾名思义,单片式离合器指仅有 1 个从动盘的离合器,这类离合器传递扭矩的能力有限,适用于动力源扭矩较小的车辆。现代轿车大多采用单片式离合器,部分

发动机扭矩较小的小型客车也使用单片式离合器。

②双片式离合器:有 2 个从动盘的离合器称为双片式离合器,它相比单片式离合器多了一个从动盘,在其他条件相同的情况下能传递更大扭矩,适用于大型客车、重型车辆等对扭矩传递能力要求较大的场合。

③多片式离合器:多片式离合器指具有 3 个以上从动盘的离合器,这种离合器转矩传递能力更强。在传递能力相同的情况下,多片式离合器与单片或双片离合器相比,虽轴向尺寸较大,但径向尺寸可做得较小,因此在车辆上多片式离合器常用在要求径向尺寸较小的场合。例如,在自动变速器中,常采用多片湿式离合器作为换挡执行机构,就是发挥了多片离合器径向尺寸小的优点,以满足变速器对径向尺寸的要求。

(2)根据压紧弹簧的形式分类

离合器的压紧弹簧可采用膜片弹簧、螺旋弹簧等不同形式,根据采用的膜片弹簧类型,可将离合器分为膜片弹簧离合器、螺旋弹簧离合器等不同类型。

①膜片弹簧离合器:指压紧弹簧采用膜片弹簧的离合器,车用离合器多采用膜片弹簧作为压紧弹簧,因此膜片弹簧离合器在车辆中应用最为普遍。

②螺旋弹簧离合器:采用螺旋弹簧作为压紧弹簧的离合器,根据螺旋弹簧的布置方式,螺旋弹簧离合器又可进一步细分为周布弹簧离合器和中央弹簧离合器。周布弹簧离合器是指采用多个较小的螺旋弹簧,均匀分布在压盘外部作为压紧弹簧的离合器。中央弹簧离合器是指采用较大的螺旋弹簧,在压盘中央作为压紧弹簧的离合器。

(3)按操纵机构的不同进行分类

离合器可由驾驶员操纵,或由车载控制系统自动操纵,离合器的操纵机构有机械式、液压式和气压助力式等多种不同类型,可按操纵机构类型对离合器进行分类。

3)典型膜片弹簧离合器的结构

车辆中使用的离合器多为膜片弹簧离合器,膜片弹簧离合器主要由主动部分、从动部分、压紧机构和操纵机构等几大部分组成。

①主动部分:离合器主动部分包括离合器盖和压盘,它们与发动机输出端的飞轮连接在一起,与飞轮一起转动,称为离合器主动部分。

②从动部分:从动部分主要包括从动盘与从动轴,从动盘通过花键与从动轴连接,可沿从动轴在小范围内滑动,从动轴与变速器输出轴连接。从动盘双面均安装有摩擦衬片,当压盘在压紧弹簧作用下压紧时,摩擦盘与压盘和飞轮组成的主动部分接触,通过摩擦传递扭矩。

③压紧机构:压紧机构是一个膜片弹簧,安装在压盘与离合器盖之间。离合器结合时,压紧机构将压盘、从动盘与飞轮压紧,从而实现从飞轮到从动盘的动力传递。当操纵机构动作时,膜片弹簧松开,压盘与摩擦盘分离,使离合器从动端与主动端脱离接触,中断动力传递。

④操纵机构:离合器操纵机构由离合器踏板、分离拉杆、调节叉、分离叉、分离套筒、分离轴承、分离杠杆和回位弹簧等组成。当驾驶员踩下分离踏板时,离合器操纵机构将分离踏板的动作传递到分离轴承,通过分离轴承推动膜片弹簧分离,使膜片弹簧松开,压盘与摩擦片在回位弹簧作用下脱离接触,离合器主动部分到从动部分的动力传递中断,离合器处于分离

状态。当驾驶员松开分离踏板时,膜片弹簧恢复到压紧状态,离合器结合,实现主动部分到从动部分的动力传递。

膜片弹簧离合器如图4.2.1所示,对照汽车构造相关知识与离合器实物,了解和掌握离合器结构和工作原理,建立对离合器主要零部件的感性认识,掌握它们之间的装配关系和工作原理。

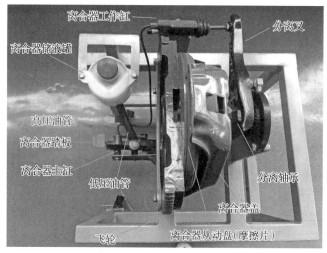

图4.2.1　膜片弹簧离合器

4.2.3　离合器结构分析操作步骤及注意事项

1)离合器结构分析操作步骤

①在离合器盖总成和飞轮总成上做一个装配标记,在装配时将标记对准,以使离合器安装后各部件相对位置与拆卸前一致。

②用棘轮扳手配合套筒,将飞轮与离合器盖固定螺丝交替拧松,直至膜片弹簧完全处于松弛状态。

③拆下飞轮与离合器盖固定螺丝,将离合器盖取下。

④将离合器从动盘总成取下。

⑤检查离合器各零部件状态,观察各零部件安装关系,分析各零部件运动关系,并对照汽车构造相关知识,理解离合器工作原理。

⑥完成上述工作后开始安装操作,安装顺序与拆卸顺序相反,首先将离合器从动盘总成安装到位。

⑦将离合器盖总成与飞轮总成固定到一起,安装时注意离合器盖总成和飞轮总成上的装配标记要对准。

⑧将离合器盖和飞轮压紧,按对角交叉的顺序分多次拧紧固定螺丝到规定的力矩,本实验中使用的离合器拧紧力矩为19 N·m。

2)注意事项

①在松开和拧紧固定螺丝时,应按对角交叉的顺序,分多次拧紧或拧松螺丝,螺丝固定

时拧紧力矩为 19 N·m。

②在安装和拆卸时要注意离合器从动盘与从动轴之间是花键连接,它可在从动轴上滑动,安装和拆卸时要注意离合器从动盘不要掉落。

③在拆装和零部件摆放过程中,要注意离合器从动盘总成摩擦片部分、压盘和飞轮总成表面应不要沾染润滑油,在安装前应对这些部位进行清洁。

4.3　汽车手动变速器结构分析实验

4.3.1　实验目的

①结合汽车构造与手动变速器拆装实验,了解和掌握手动变速器结构与工作原理,掌握手动变速器各主要零部件功能、装配关系,通过观察实物,建立对手动变速器各主要零部件的认识。

②熟悉和掌握手动变速器主要零部件特点和工作原理,掌握手动变速器拆卸及组装步骤及注意事项。

③按照变速器拆装步骤,利用拆装工具对变速器进行拆装,掌握变速器拆装方法。

4.3.2　汽车手动变速器结构与工作原理

变速器是车辆传动系统重要组成部分,它的功能主要是能根据驾驶员的操作,在不同车速和驾驶员功率需求下实现动力源与车轮之间不同的传动比,从而使动力源在不同车速和驾驶员功率需求下均能工作在效率较高的转速范围内。此外,变速器还能断开主、从动端的动力传递,以及实现反向传动,从而实现空挡和倒挡功能。

变速器主要由变速传动机构和换挡操纵机构两大部分组成,其中变速传动机构是变速器实现动力传递和挡位切换的主体,主要由轴、安装在轴上的一系列相互啮合的齿轮副、支撑轴的轴承和变速器壳体等组成。变速传动机构的主要功能是实现多速比变速,以及实现空挡和倒挡等功能,按变速器中轴的数量可分为两轴式和三轴式两种。换挡操纵机构的作用是,根据驾驶员的操作实现选挡和换挡,变速传动机构是变速器的主体,在变速器拆装实验中,主要进行变速传动机构的拆装。下面以两挡变速器为例对变速传动机构典型结构和工作原理进行介绍。

1)两轴式变速器的变速传动机构

在前置前驱或者后置后驱车辆上,由于布置空间的限制,有必要采用两轴式变速器。两轴式变速器的特点是无中间轴,输入轴与输出轴平行布置。前置前驱布置方式中还可进一步细分为发动机横置和发动机纵置两种类型,它们的变速器在结构上有所不同。对于发动机纵置的前置前驱布置方式,主减速器和差速器就布置在接近离合器和变速器的地方,主减速器齿轮采用圆锥齿轮。对于发动机横置的前置前驱车辆,主减速器主动齿轮轴线和从动齿轮轴线平行,因而用圆柱齿轮作为主减速器齿轮。

两轴变速器变速传动机构结构如图 4.3.1 所示,该变速器输入轴是离合器从动轴,输出轴是主减速器锥齿轮轴,主减速器主动锥齿轮位于输出轴的一端,输入轴与输出轴平行布置。该变速器有 4 个前进挡和 1 个倒挡,1—4 挡主动齿轮和倒挡主动齿轮都位于输入轴上,其中 1、2 挡主动齿轮及倒挡主动齿轮与输入轴一体,3、4 挡主动齿轮空套在输入轴上。1—4 挡从动齿轮都位于输出轴上,其中 1、2 挡从动齿轮空套在输出轴上,3、4 挡齿轮通过花键装在输出轴上。该变速器采用锁环式惯性同步器换挡,3、4 挡同步器接合套位于输入轴上,1、2 挡同步器安装在输出轴上。倒挡轴位于变速器右端,倒挡中间齿轮空套在倒挡轴上。

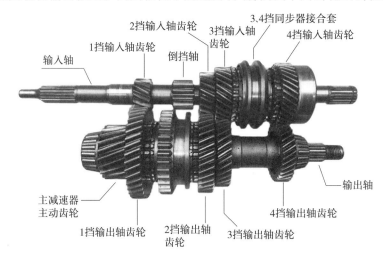

图 4.3.1　两轴变速传动机构结构图

2）变速器换挡装置

变速器换挡方式包括滑移齿轮换挡、接合套换挡和同步器换挡几种,它们各有优缺点,下面对几种换挡方式进行介绍。

（1）直齿滑动齿轮式换挡装置

在采用直齿轮作为换挡齿轮的变速器中,换挡齿轮通过花键套装在花键轴上,可沿轴向移动,也可通过移动齿轮直接换挡。在换挡时,由变速器拨叉推动换挡齿轮与另一轴上的齿轮进入或退出啮合,进而实现换挡。其工作原理如图 4.3.2 所示。

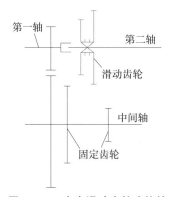

图 4.3.2　直齿滑动齿轮式换挡

直齿滑动换挡方式具有结构简单的优点,但这种换挡方式采用直齿轮强行啮合的方法,换挡过程中冲击振动大、齿轮易磨损,承载能力低。由于没有同步装置,换挡时若挂挡时机把握不好换挡齿轮就很难推入,会导致挂挡失败,因而采用这种换挡方式对驾驶员操作技能要求较高,现在已经很少采用。

(2)接合套式换挡装置

对于常啮合斜齿轮传动的挡位,可采用接合套式换挡装置进行换挡。这种换挡装置由安装在内花键毂上的接合套进行换挡,换挡时移动接合套,与传动齿轮上的结合齿轮啮合或退出啮合实现换挡。这种类型的换挡装置接合齿较短,换挡拨叉在换挡过程中仅需很小的位移量,操作轻便。同时,结合齿的齿数较多,因此在换挡过程中承受换挡冲击载荷的接合齿齿数增多,换挡元件承受冲击的工作面积增加,使换挡冲击减小。传递扭矩的工作齿轮不参与换挡,故寿命延长。这种换挡方式也有不足之处,主要表现在没有同步装置,因而换挡过程中的冲击和振动问题仍较为突出,换挡平顺性依赖于驾驶员专业技能,增加了换挡操纵的难度。接合套换挡方式原理如图 4.3.3 所示。

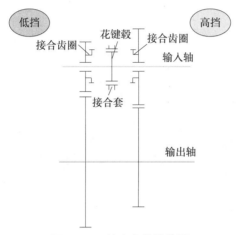

图 4.3.3 接合套换挡装置

(3)同步器式换挡装置

在接合套式换挡装置基础上增加同步元件,就组成了同步器式换挡装置。同步元件通过摩擦作用,在接合套与待啮合齿圈进入啮合前使它们的转速迅速同步,通过锁止装置防止二者在同步前进入啮合,从而有效解决换挡过程中由于接合套和啮合齿圈转速不同步造成的冲击和振动问题。采用同步器换挡时,驾驶员无须对挂挡时机进行精心掌控,只需根据自己的意愿挂挡,同步器可自动实现接合套和齿圈转速同步后再挂挡,这样就大大降低了换挡过程中对驾驶员操作水平的要求,使换挡操纵变得简单。同步器式换挡装置的主要缺点是结构较为复杂、制造精度要求较高。同步器式换挡装置原理简图如图 4.3.4 所示。

同步器有多种不同的结构类型,常见的有惯性式同步器、常压式同步器和自增力式同步器等。常压式同步器结构简单,但不能保证换挡过程中接合套和结合齿圈角速度相等时挂挡,现在应用较少。惯性式同步器依靠同步元件之间的摩擦作用实现同步,它通过结构设计,保证了接合套与结合齿圈在速度达到同步之前不能啮合,从而有效避免挂挡过程中的冲击和振动,在实际的变速器中常采用这种类型的同步器。

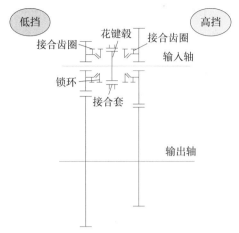

图 4.3.4　同步器式换挡装置原理简图

惯性式同步器可分为锁环式惯性同步器、锁销式惯性同步器,其中锁环式同步器应用较为广泛。图 4.3.5 为锁环式同步器主要零部件照片,它主要由花键毂、接合套、锁环(2 个)、滑块(3 个)和滑块弹簧等部分组成。可结合汽车构造相关知识并查阅资料,掌握同步器结构和工作原理,并通过后面的实物拆解进一步加深理解。

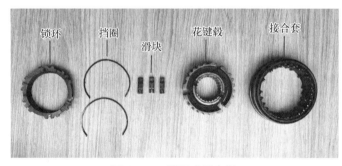

图 4.3.5　锁环式同步器

4.3.3　变速器结构分析实验准备

采用两挡手动变速器进行变速器结构分析实验,通过对两挡手动变速器的拆解和装配,观察和理解变速器结构和工作原理、各零部件相互之间的装配关系,并掌握变速器拆装步骤和注意事项。实验准备工作包括以下两点。

①准备两轴手动变速器 1 台。

②拆装工具套装 1 套、拉拔器 1 个、橡胶锤 1 把、尖嘴钳 1 把和卡簧钳 1 把。

4.3.4　变速器结构分析操作步骤

对变速器进行拆装的步骤如下。

①用棘轮扳手配合套筒按交叉对称的方式,分多次拧松变速器后端盖固定螺栓,如图 4.3.6 所示。所有螺栓松开后取下变速箱后端盖及密封圈,将后端盖、密封圈和固定螺丝按

顺序摆放在零部件存放台,以免丢失,方便后续的安装操作。

图 4.3.6　后端盖拆卸

②将变速器输入轴空心螺栓依次拧下,取下 5 挡同步器接合套。使用拉拔器拆下 5 挡同步器毂、输入轴 5 挡齿轮以及 5 挡同步环。

③使用尖嘴钳拆下输出轴 5 挡齿轮锁止卡环,取下 5 挡齿轮。

④撬开驱动法兰盘,取下锁止垫圈,再取下驱动法兰盘及换挡拨叉总成,如图 4.3.7 所示。

图 4.3.7　换挡拨叉拆卸

⑤取下倒挡,3、4 挡和 1、2 挡换挡拨叉,用拉拔器取下输入轴轴承、膨胀盘,并用拉拔器取下输出轴 4 挡齿轮锁圈,取下 4 挡齿轮。

⑥用拉拔器取下输入轴轴承、膨胀盘,并用拉拔器取下输出轴 4 挡齿轮锁圈,取下 4 挡齿轮。

⑦用拉拔器取下输出轴总成、倒挡惰轮,用拉拔器取下输出轴 3 挡、2 挡和 1 挡齿轮。

⑧用拉拔器取下 2 挡齿轮滚珠轴承内圈、同步器和弹簧圈等部件,取下 1、2 挡同步器组件,并用拉拔器取下 1 挡齿轮。

⑨拧下紧固螺栓,取出轴承盖和输出轴。

⑩将所有拆卸的零部件摆放于零部件存放台,如图 4.3.8 所示。

⑪对拆下的零部件进行清洁,并检查其状态是否良好。结合汽车构造理论知识,观察各零部件结构,理解其装配关系及工作原理。

⑫按与拆卸相反的顺序将变速器装配好。

图4.3.8　拆卸完成

4.4　行驶系统结构分析

4.4.1　实验目的

①结合汽车构造理论知识,通过对行驶系统实物的观察和部分实物的拆解操作,了解行驶系统组成、功能及各零部件相互之间的装配关系,认识行驶系统主要零部件。

②通过实际动手操作,培养学生团队协作能力。

4.4.2　行驶系统功能及组成

1)行驶系统的功能

车辆行驶系统的功能可概括为以下几个方面:

①通过车轮与地面间的摩擦作用,将车辆动力源经传动系统传递到车轮的扭矩转化为驱动车辆前进的牵引力,使车辆能够克服行驶阻力正常行驶。

②行驶系统通过悬架支撑车身及其附属装置,承受并传递车身和路面之间相互作用的力和力矩。

③路面不平和发动机运行时的振动激励会对车身平顺性造成影响,行驶系统通过悬架缓解路面不平及发动机振动对车身造成的冲击和振动,使车身在车辆行驶过程中尽可能平稳,提高乘坐舒适性和平顺性。

④能与转向系统配合,使车辆在转向过程中保持侧向稳定,使车辆在转向灵活的同时具有良好的操纵稳定性。

2)行驶系统组成

行驶系统通常包括车架、车桥、悬架和轮胎等几个主要组成部分,下面分别进行简要介绍。

（1）车架

车架是车辆的骨架和基体,主要用于支撑和连接汽车的各种零部件和总成,并承受来自车内外的各种载荷,车辆大部分部件和总成都是安装在车架上的。对于采用承载式车身的车辆来说,车架与车身合为一体,车架功能由车身骨架承担,如图 4.4.1 所示;对于采用非承载式车身的车辆,则有专门的车架部件,采用非承载式车身的车辆其车架也称为"大梁"。

图 4.4.1　承载式车身的车身骨架

根据车架的功能特点,在车架的设计制造中应满足以下几个方面的性能要求。

①车架应具有足够的强度和适当的刚度,以便能够安装车辆上众多的零部件,并承受来自车内外的各种载荷。可通过适当的结构设计来保证车架达到要求的刚度和强度,并进行充分的测试验证。

②在满足刚度和强度要求的同时,应尽量降低车架质量,以避免因车辆过重而影响其燃油经济性。需通过合理的结构设计在保证强度刚度满足要求的同时,又具有较轻的质量,也可使用新型材料来实现这一目标。

③车架的结构形式应能满足车辆总布置的需要。

（2）车桥

车桥两端安装车轮,上部通过悬架与车架相连,通过车轮和悬架在车身和地面之间承受和传递各种相互作用的力和力矩。车桥内部安装该半轴,对于商用车而言,主减速器和差速器往往也安装在车桥之内。车桥有多种结构类型,可结合汽车构造相关知识和实物部件,对不同类型车桥结构、功能和特点进行学习和掌握。车桥及其内部安装部件实物拆件后的照片如图 4.4.2 所示。

图 4.4.2　车桥

（3）轮胎

车轮和轮胎是车辆和路面接触的部分，通过和路面的作用支撑整车。车轮由轮辋、轮辐和轮胎几个部分组成，如图4.4.3所示。轮辋用于安装和支撑轮胎，轮辐是在轮辋和轮毂之间起支撑作用的部件。轮胎主要由橡胶制成，是一个柔性体，能吸收和缓解路面不平对车辆的冲击作用，减轻车身振动，提高驾乘舒适性。轮胎通过和地面之间的摩擦作用，将车辆动力源经传动系统传递到车轮的转矩转化为驱动车辆前进和制动的驱动力和制动力。轮胎具有良好的侧向刚度，在车辆转弯的过程中，能抵抗侧向力作用，车辆保持行驶稳定性。

图4.4.3　车轮

（4）悬架

车架（或承载式车身）与车桥之间通过悬架连接，悬架通常包括减震器、弹性元件、导向机构和横向稳定器等几个部分，其中减震器和弹性元件是关键部件，其连接关系结构简图如图4.4.4所示，悬架实物如图4.4.5所示。悬架用于承受和传递车架（或承载式车身）与车桥之间各种相互作用的力和力矩，吸收和衰减路面不平对车身的冲击和振动，提高车辆驾乘舒适性。在转向过程中，悬架能支撑和保持车身稳定，对保持车辆操纵稳定性起重要作用。

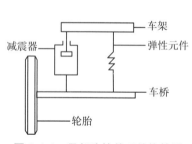

图4.4.4　悬架连接关系结构简图

图4.4.5　悬架

悬架可分为独立悬架与非独立悬架，独立悬架与非独立悬架又有多种不同的结构类型。可结合汽车结构相关内容与实物教具，了解和掌握常见的悬架结构原理、功能和特点等，加深对悬架的感性和理性认识。

4.4.3　驱动桥结构分析

行驶系统中车架、车桥、轮胎和悬架等结构都可通过观察实物教具获得较为直观的认识，驱动桥内部结构则隐藏在桥壳中，难以直接观察。要认识和了解驱动桥结构特点和装配关系,建立对驱动桥及其内部零部件实物的认知,需对其进行拆解。

典型的驱动桥由一个桥壳以及安装在桥壳内的主减速器、差速器和半轴等部分组成。车辆动力源输出的扭矩经过减速器后传递到主减速器、差速器,然后经左右半轴传递到两侧车轮。驱动桥的主要功能是通过主减速器对动力源传递来的扭矩进行减速增矩,然后通过差速器传递到左右车轮。在车辆转向时,差速器能实现左右车轮差速行驶。

1)主减速器

主减速器属于传动系统,在常见的商用车中主减速器常安装在驱动桥内,因而它是驱动桥的重要部件。主减速器主要对变速器输出端输出的转速和转矩起到减速增矩作用,并将减速增矩后的动力传递到差速器。

主减速器结构如图 4.4.6 所示,图中的主减速器由一对相互啮合的锥齿轮组成,较小的锥齿轮与传动轴输出端相连,因承受动力源输出的转速和转矩而称为主减速器动力传递的主动端,也称为主动锥齿轮。较大的锥齿轮既是主减速器的从动端,也是差速器的动力输入端,称为从动锥齿轮。

图 4.4.6　主减速器结构图

2)差速器

车辆在转弯时左右两侧车轮行驶的距离是不同的,如图 4.4.7 所示,当车辆转弯时,外侧车轮行驶路径长度要大于内侧车轮。如果两侧车轮转速相同,则在转向时内侧车轮由于行驶路径较短,会出现打滑现象,影响车辆稳定性并可能对轮胎和半轴造成损坏。差速器的作用就是在车辆转向时实现左右半轴之间合理的扭矩分配,避免轮胎打滑,同时通过差速作用调节左右半轴转速,以满足车辆转向时对两侧车轮转速不同的功能需求,保持车辆转向时的稳定性。差速器是一个行星轮系,结合汽车构造相关内容和差速器实物,分析差速器行星轮系各部件连接关系,理解其差速原理,建立对差速器实物的认知。

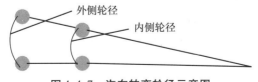

图 4.4.7　汽车转弯轮径示意图

3)半轴

半轴一端连接着差速器一端连接车轮,是一根将动力从差速器传递到车轮的实心轴,其实物如图 4.4.8 所示。半轴一端与差速器半轴齿轮相连,另一端与驱动轮轮毂相连。

图 4.4.8　半轴

4)桥壳

驱动桥壳可对其内部安装的主减速器、差速器和半轴起支撑和保护作用,并与其他车桥一起对车架起支撑作用。车桥两端安装车轮,路面对车轮的各种作用力和力矩经车轮传递到车桥,再由车桥经悬架传递给车架和车身。可见,车桥桥壳在车辆运行过程中承受着复杂的载荷,需要桥壳具有较强的刚度和强度。为减轻车重,要求车桥桥壳在具有足够强度和刚度的同时,重量尽可能轻。桥壳实物如图 4.4.9 所示,结合汽车构造相关内容和实物,分析驱动桥各部件、轮胎和悬架等部件与驱动桥壳之间的安装关系,理解驱动桥各部件作用及其工作原理。

图 4.4.9　桥壳

4.5　转向器结构分析

4.5.1　实验目的

①结合汽车构造理论知识与转向系统实物,了解和掌握转向系统的结构组成、转向力传递路线、各部件功能结构及装配关系。

②通过查阅资料,并结合实物观察,了解和掌握齿轮齿条式转向器以及循环球式转向器结构与工作原理。

4.5.2　汽车转向系统概述

转向系统是接收驾驶员转向操纵指令并根据驾驶员操作实现车轮转向,以使车辆按驾驶员意图改变行驶方向的系统。转向系统通过一系列传动装置,将驾驶员对转向盘的转向力和转向角度传递到车轮,带动车轮转动一定角度,由于车轮与地面作用力较大,因而直接的转向操作需要较大的转向力,导致驾驶员操作困难。现代车辆的转向系统通常带有助力装置,通过液压阻力或电动阻力帮助驾驶员实现轻便的转向操作,提高转向操作的便利性。

转向系统可分为机械转向系统、动力转向系统等不同类型,其中机械转向系统在现代车辆中应用较为普遍。以机械转向系统为例,对典型转向系统的组成及工作原理进行介绍。机械转向系统直接利用驾驶员转向操作作为驱动力,通过一系列机械传动部件将驾驶员转向力放大并传递到车轮,带动车轮转动一定角度,实现车辆转向。车轮转动角度的大小与驾驶员转动方向盘角度大小成一定比例,从而实现车辆按驾驶员不同的转向意图进行转向。机械转向系统主要由转向操纵机构、转向器、转向传动机构和转向助力装置等几大部分组成。

图 4.5.1 为某转向系统结构简图,转向盘为转向操纵机构,转向时驾驶员对转向盘施加一个转向力矩。转向力矩通过转向柱、转向轴和转向传动轴等传递到转向器,从转向盘到转向器之间的一系列转向力传动部件共同组成转向传动机构。转向器将转向的力矩和旋转运动转化为左右转向横拉杆的直线运动,再通过转向杆系带动车轮转动一定角度,从而实现驾驶员转向意图。为提高转向轻便性,转向器通常具有较大的传动比,以达到减速增矩的效果。此外,转向系统通常配置转向助力装置,提供转向助力,进一步使驾驶员转向操作轻便化。

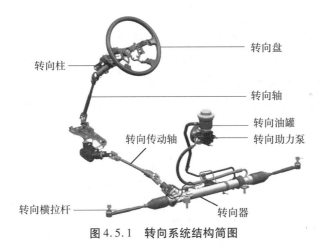

图 4.5.1　转向系统结构简图

4.5.3　转向器结构分析

转向器是转向系统关键部件,主要起到减速增矩的作用,将驾驶员输入的转向力矩放大,以使其能驱动车轮转动,同时使得转向操纵更轻便。转向器还将驾驶员输入的转向盘旋转运动,转化为转向摇臂的摆动或者齿轮齿条的往复直线运动,以便能驱动车轮转向。转向器有多种不同的结构类型,常见的有齿轮齿条式转向器和循环球式转向器,下面将分别进行简要介绍。

1)齿轮齿条式转向器

齿轮齿条式转向器内部以齿轮齿条作为传动机构,实物如图 4.5.2 所示。齿轮齿条转向器内部有一对齿轮齿条,其中齿轮与转向传动轴连接,齿条与转向拉杆连接。当驾驶员转动转向盘时,转向盘上的转矩和转速通过转向柱、转向轴和转向传动轴传递到转向器齿轮齿条机构的齿轮上,作为转向器的输入端。转向器将齿轮上输入的转向力矩和转速经过齿轮齿条机构转化为齿条的横向运动,带动转向拉杆横向移动,再通过转向杆系带动车轮转过一定角度,从而实现车辆转向。

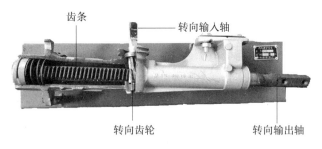

图 4.5.2　齿轮齿条式转向器实物

　　齿轮齿条式转向器具有结构简单、转向正逆效率均较高、可靠性好和制造成本低等优点,采用齿轮齿条式转向器的转向系统中没有转向摇臂、转向直拉杆等零部件,整个转向系统结构得到了简化。基于上述优点,齿轮齿条式转向器在轿车、微型货车和轻型货车等车型上得到了较为广泛的应用。

2)循环球式转向器

　　循环球式转向器通常有两级减速传动,第一级减速传动是螺杆螺母,第二级减速传动是齿条齿扇。循环球式转向器主要由螺杆、螺母、齿扇、转向器壳体以及许多小球组成,其结构如图 4.5.3 所示。循环球式转向器的螺杆和螺母上加工有断面为半圆形的螺旋沟槽,在沟槽中安装有小钢球,通过钢球滚动促使螺母在螺杆上运动,以减小摩擦,提高转向轻便性。

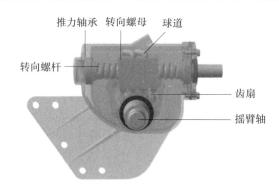

图 4.5.3　循环球式转向器结构图

　　螺杆螺母减速机构的螺杆是输入端,与方向盘通过转向传动轴连接,当驾驶员转动方向盘时,转向转矩和转速通过转向传动装置传递到循环球式转向器第一级螺杆螺母传动机构的螺杆上。螺杆转动,带动螺母在螺杆上左右移动。第二级齿条齿扇减速机构的齿条直接加工在第一级减速机构的螺母上,当螺母左右运动时,加工在螺母上的齿条也左右运动,通过齿条与齿扇的啮合关系带动齿扇转动,带动转向摇臂轴摆动,从而控制汽车转向。

　　图 4.5.4 为循环球式减速器实物教具,为方便观察其内部结构,将减速器外壳剖切开,同时在转向器输入端安装有旋转把手,可转动把手,观察转向器内部传动过程。结合循环球式转向器结构原理理论知识和实物,了解和掌握循环球式转向器结构、工作原理和装配关系。

图 4.5.4　循环球式转向器实物

4.6　汽车制动器结构分析

4.6.1　实验目的

　　①通过对制动器拆装操作,结合制动器构造相关理论知识,了解和掌握制动器组成、工作原理和装配关系。

　　②了解和掌握制动器拆装顺序及注意事项,在必要时能按要求对制动器进行拆解及检修操作。

4.6.2　制动器构造及原理基础知识

　　车辆中常使用摩擦制动器来进行制动,摩擦制动器有固定元件与旋转元件,固定元件通常固定于车桥,而旋转元件则固定于车轮轮毂,与车轮一起转动。当通过制动执行机构使旋转元件与固定元件以一定大小的压力接触时,旋转元件与固定元件之间便产生一定大小的摩擦力,使车轮减速,车辆制动。通过调整旋转元件与固定元件之间接触压力的大小,可产生不同大小的摩擦力,从而使车辆获得不同大小的制动力。

　　摩擦式制动器有多种不同的结构类型,目前车辆上常见的摩擦制动器有盘式制动器和鼓式制动器两大类。盘式制动器的旋转元件为制动盘,工作表面为制动盘的圆盘面,鼓式制动器旋转元件为制动鼓,工作表面为一个圆柱面。下面对鼓式制动器和盘式制动器的结构及特点分别进行简要介绍。

（1）鼓式制动器

鼓式制动器主要由底板、制动鼓、制动蹄、摩擦片、制动轮缸、制动蹄复位弹簧、拉紧弹簧、驻车制动推杆和驻车制动拉杆等部分组成。鼓式制动器的底板安装在车桥的固定位置上，车辆运行时制动器底板不随车轮转动。底板上面安装有制动蹄、摩擦片、制动轮岗、制动蹄复位弹簧、定位销和拉进弹簧等，如图4.6.1所示。鼓式制动器有一对制动蹄，每个制动蹄上安装有一个摩擦衬片。制动鼓安装在车轮上，随车轮一起转动，是制动器的旋转元件，它由铸铁制成，形似圆鼓。制动器安装好后，制动鼓套装在制动蹄外侧，制动器不工作时，制动蹄摩擦片与制动鼓之间有一个小的间隙，制动鼓可随车轮自由转动。车辆制动时，制动轮缸在液压作用下动作，它的活塞推动制动蹄，使制动蹄与制动鼓以一定压力接触，产生摩擦力，使车轮减速。

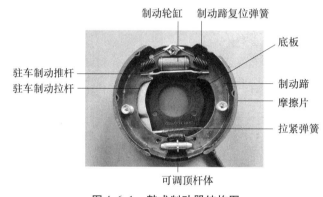

图 4.6.1　鼓式制动器结构图

制动蹄有领蹄和从蹄之分，制动蹄张开时旋转方向与制动鼓旋转方向相同的制动蹄称为领蹄，若制动蹄张开时的旋转方向与制动鼓旋转方向相反则称为从蹄。鼓式制动器按制动蹄的布置方式可分为多种类型。

①领从蹄式制动器：制动器动作时，两个制动蹄张开时的旋转方向相反，无论制动鼓旋转方向如何，总有一个领蹄和一个从蹄的制动器称为领从蹄式制动器。

②双领蹄式制动器：制动器动作时，两个制动蹄张开时的旋转方向相同，当制动鼓正向旋转时，两个制动蹄均为领蹄，当制动鼓反向旋转时，两个制动蹄都是从蹄，这样的制动器称为双领蹄式制动器。

③双向双领蹄式制动器：制动器动作时，无论制动鼓正向或反向旋转，两个制动蹄均为领蹄，这样的制动器称为双向双领蹄式制动器。

④双从蹄式制动器：制动器动作时，两个制动蹄张开时的旋转方向相同，当制动鼓正向旋转时，两个制动蹄均为从蹄，当制动鼓反向旋转时，两个制动蹄都是领蹄，这样的制动器称为双从蹄式制动器。

鼓式制动器出现的时间较盘式制动器早，由于其结构特点，盘式制动器排水及散热性能不够理想，在连续制动的情况下，制动器热量聚集明显，制动效率下降较多，因此在轿车上鼓式制动器使用逐渐减少。鼓式制动器的优点是成本低廉，因此在一些经济型轿车上还在使用，常用鼓式制动器作为后轮制动器。

（2）盘式制动器

盘式制动器以一个金属圆盘固定在轮毂上与车轮一起旋转,作为摩擦副的旋转元件,以制动钳或摩擦盘作为摩擦副的固定元件,其结构如图4.6.2所示。盘式制动器根据其摩擦副中固定元件的结构,可分为钳盘式制动器和全盘式制动器两种类型。钳盘式制动器以制动钳作为固定元件,制动钳内安装摩擦片,制动时制动钳上的摩擦片压紧制动盘,产生摩擦制动力。全盘式制动器则采用一个完整的圆形摩擦片作为固定元件,制动时制动盘和摩擦片之间的摩擦面是两个全面接触的圆盘,其结构原理类似于离合器。

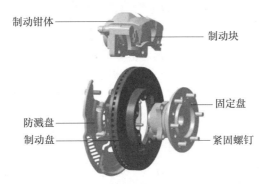

图4.6.2 盘式制动器结构图

盘式制动器与鼓式制动器相比具有以下几个优点:

①摩擦元件之间接触面积大,接触压力较为均匀,散热效果较好,持续制动过程中制动效能较为稳定。

②排水性能好,遇水后能迅速排水,制动效能降低较小,遇水后经过一两次制动可恢复正常工作。

③整个制动器结构简单,质量和尺寸均较小。

④制动盘热膨胀量小,在使用过程中制动间隙不会因受热膨胀而减小。

⑤维修方便,能够方便地实现制动间隙的自动调整。

盘式制动器的缺点主要体现在以下两点:

①制动效能较低,要达到理想的制动效果,需伺服装置,增加制动压力。

②兼用驻车制动时,需加装复杂的驻车制动装置。

4.6.3 制动器拆装实验准备

①准备盘式制动器、鼓式制动器各一套,作为拆装对象。

②准备拆装工具一套。

③分组进行拆装,每组同学通过查阅资料,了解制动器结构和工作原理,了解和掌握制动器拆装步骤,讨论并明确拆装步骤和计划,并进行制动器拆装。

4.6.4 制动器拆装操作步骤及注意事项

1）盘式制动器拆装

①用棘轮扳手配合套筒拧松制动钳与制动器护罩固定螺丝,并将螺丝取下,如图4.6.3

131

所示。

图 4.6.3　制动钳固定螺丝

注意事项:

　　制动器及其部件重量都较大,在拆卸时要注意安全,防止零件跌落造成人身伤害。制动钳由两个螺钉固定,在拆开制动器护罩上的螺钉时,要小心制动器突然散开。

　　②松开制动钳固定螺丝后将制动钳取下,然后取下制动盘,制动器拆分为制动钳、制动盘和防溅盘三大部分,如图 4.6.4 所示。防溅盘安装在车架上,制动盘与轮毂固定在一起。

图 4.6.4　盘式制动器主要零部件

　　③从制动块的卡槽中取出制动块,并用 12 号套筒取下制动钳体上的两个螺钉,如图 4.6.5 所示,将制动钳拆解为三个部分,如图 4.6.6 所示。

图 4.6.5　制动钳

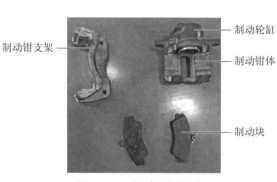

图 4.6.6　制动钳拆解后

按与拆卸相反的顺序将制动器装配回原状。

注意事项：

安装制动钳壳体时，活塞要压到底。

2）鼓式制动器的拆装

①使用棘轮扳手配合套筒，拆下制动鼓背后固定制动缸的两根紧固螺钉，如图4.6.7所示。

图4.6.7　制动缸固定螺钉

②取下两根制动蹄拉紧弹簧，接着取下制动缸，如图4.6.8—图4.6.10所示。

注意事项：

①在拆卸拉紧弹簧时要注意保护弹簧，不要过度拉长，以免弹簧发生塑性变形而无法恢复原状。

②在拆卸弹簧时，它可能会弹出，要小心操作，注意安全。

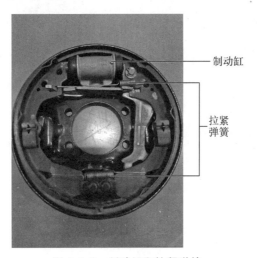

制动缸

拉紧
弹簧

图4.6.8　制动缸和拉紧弹簧

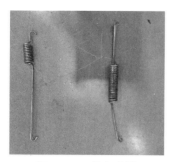

图4.6.9　拉紧弹簧

图4.6.10　制动缸

③如图4.6.11所示为两个特殊卡扣,需用工具压下弹簧,然后用钳子转动紧固钉90°,两人配合使用钳子拆下两个固定件,如图4.6.12所示。

图4.6.11　制动蹄固定件

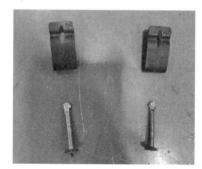

图4.6.12　拆下的固定件

④取下制动蹄,完成对鼓式制动器的拆卸,如图4.6.13所示。

制动蹄

图4.6.13　拆下制动蹄

按与拆卸相反的顺序将制动器装配回原状。

第 **5** 章
汽车电器设备及附属元件相关实验

5.1　汽车电器与电子设备认知实验

5.1.1　实验目的

①认识常见的汽车电器设备。
②了解和掌握常见的汽车电器设备功能及原理。
③掌握部分汽车电器设备使用方法。

5.1.2　汽车电器与电子设备组成及功能

随着现代汽车技术的进步,汽车上装备的电器设备种类和数量都有逐渐增多的趋势。汽车电器设备可根据多种方式进行分类,根据电器功能的不同,可分为电源系统和用电设备两大类。电源部分主要包括蓄电池、发电机及电压调节器等,用电设备部分包括起动系统、点火系统、照明及信号系统、仪表及显示系统、辅助电器装置和各类电子控制装置等,如图 5.1.1 所示。

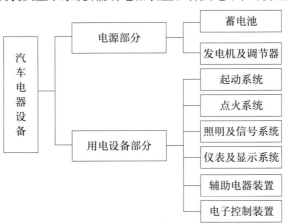

图 5.1.1　汽车电器设备组成

如图5.1.1所示,汽车电源部分包括蓄电池和发电机,在车辆起动时,发电机处于未工作状态,此时蓄电池作为系统唯一供电电源给起动电机及车辆其他用电设备供电。发动机起动并正常运行后,发电机开始发电,此时发电机是车上用电设备的主要供电电源,当蓄电池电量不足时,发电机发电的一部分给蓄电池充电。车用发电机配备电压调节器,使得系统负载变化时系统电压能维持在一个稳定的范围内,保障车辆电气系统正常运行。

车辆用电设备包括起动系统、点火系统、照明及信号系统、仪表及显示系统、辅助电器装置和各类电子控制装置等。起动系统主要负责在发动机起动时由起动电机带动发动机转动,在发动机起动并正常运行后,起动电机停止工作,并与飞轮脱离接触。点火系由点火线圈、火花塞和分电器等部分组成,点火线圈是一个变压器,采用车上直流低压电源感应出一个高压,通过分电器接通到需要点火气缸的火花塞,使火花塞产生电火花,点燃发动机气缸内的混合气。照明及信号系统主要包括车内及车外各种照明及信号灯具,为车内车外提供必要照明以及行车信号,保障行车安全。仪表及显示系统将车辆状态显示给驾驶员,使驾驶员能了解到车辆各种参数、运行状态和故障及警报等,为驾驶员驾驶车辆提供参考信息。此外,现代车辆的很多控制操作、影音娱乐操作等也集成于仪表及显示系统之中,其智能化和集成化水平越来越高,是汽车技术发展最为迅速的部分。随着车辆智能化水平的提升,仪表及显示系统向着智能座舱的方向发展。车辆辅助电器装置是为了给车主提供舒适、娱乐和安全保障的辅助电器设备,包括电动雨刮器、电动空调、电动天窗和电动后视镜等。汽车电子控制装置主要包括车辆各类控制系统,如发动机里面的电喷系统、底盘的ABS和车身稳定性控制等。随着车辆向智能化方向发展,车辆电子控制系统变得更为复杂,各种辅助驾驶及自动驾驶系统越来越普及,是汽车技术发展的重要方向。

5.1.3 汽车电器与电子设备认知

(1)汽车的电源系统

电源系统组成及原理简图如图5.1.2(a)所示,主要由蓄电池、发电机、电压调节器和电压表等组成。蓄电池在发电机未工作时作为电源为系统供电,在发电机工作时,蓄电池则存储电能,或者在发电机功率不足时为系统补充电能。发电机是车辆电器系统的主供电电源,当发动机正常运行时发电机处于发电状态,发动机转速达到一定值后,发电机开始向用电设备供电,并对蓄电池充电。电压调节器对发电机输出电压进行调节,使系统工作电压稳定。图5.1.2(b)为发电机照片,图5.1.2(c)为蓄电池照片。

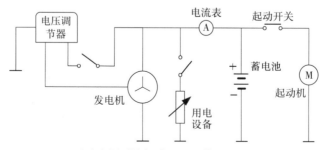

(a)电源系统组成及原理简图

（b）发电机　　　　　　　　（c）蓄电池

图 5.1.2　电源系统组成

（2）起动系统

起动系统组成及原理如图 5.1.3（a）所示，主要由点火开关、起动继电器和起动电机等部分组成。发动机起动前发电机没有工作，蓄电池作为电源为起动电机供电。起动电机由蓄电池供电，并通过齿轮带动发动机曲轴转动，使发动机进入工作循环，当发动机正常运转后，起动电机停止工作，并与曲轴退出啮合。起动继电器将起动电机工作的大电流电路与点火开关工作的控制回路隔开，保障系统工作安全。起动系统工作过程为，当点火开关结合，起动继电器电磁线圈带电，使起动机供电触点闭合，电流经蓄电池、电流表和起动机形成回路，起动机开始工作，带动发动机起动。发动机起动后，点火开关已松开，起动继电器触点断开，起动机停止工作，起动过程结束。起动机照片如图 5.1.3（b）所示。

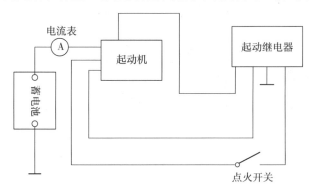

（a）起动系统组成及原理　　　　　　　　（b）起动机

图 5.1.3　汽车起动系统

（3）点火系统

传统点火系统组成及原理如图 5.1.4 所示，主要由点火开关、点火线圈、分电器、高压线和火花塞等部分组成。点火系统由蓄电池或发电机供电，当点火开关闭合，发动机处于工作状态时，点火系统开始工作。点火线圈是一个感应变压器，其初级线圈匝数较少，与电源连接，次级线圈匝数较多，通过高压线与火花塞连接。点火线圈初级在控制装置控制下根据发动机工作状态有规律地接通、断开，在次级线圈中感应出高压，再由分电器连接到需点火气缸的火花塞。高压电通过火花塞产生电火花，点燃混合气。点火系统主要部件照片如图 5.1.5 所示，其中图 5.1.5（a）为点火钥匙，图 5.1.5（b）为点火线圈，图 5.1.5（c）为分电器，

图 5.1.5(d)为火花塞。

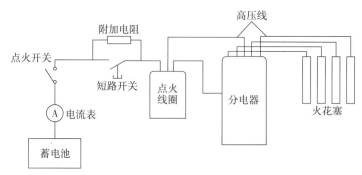

图 5.1.4 传统点火系统组成及原理

（a）点火钥匙

（b）点火线圈

（c）分电器

（d）火花塞

图 5.1.5 点火系统主要部件实物

（4）汽车照明及信号系统

车辆内部及外部有各种照明及信号灯,以方便驾乘人员操作车辆,保障行车安全。车辆外部照明及信号灯包括前照灯、小灯、转向灯、雾灯、倒车灯、高位停车灯和牌照灯等,如图5.1.6 所示。这些信号灯在车上的开关如图 5.1.7 所示。汽车信号系统除了信号灯还包括电喇叭(图5.1.8)与倒车警告装置,用于警告行人及过往车辆,保障行车安全。

（5）仪表及显示系统

汽车仪表主要用于显示车辆状态及各类报警及故障信息,以方便驾驶员操作和决策。仪表分为传统仪表和电子仪表,现代汽车大多采用电子仪表,即在一块显示屏上显示各种车辆状态信息和报警及故障信息。仪表通常安装于转向盘前面的仪表板上,典型汽车仪表如图5.1.9 所示。仪表显示的内容通常包括以下几个方面:发电机发电电流、发动机机油压力、发动机冷却液温度、燃油指示表、车速里程表、各类警告及故障指示灯和提示信息等。

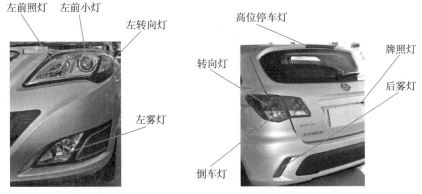

图 5.1.6　汽车照明及信号灯

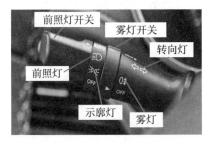

图 5.1.7　汽车信号灯开关

图 5.1.8　汽车电喇叭

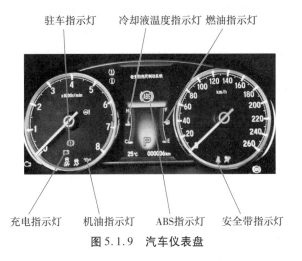

图 5.1.9　汽车仪表盘

（6）汽车辅助电器装置

　　汽车辅助电器装置包括电动雨刮器、电动车窗、电动座椅、电动门锁、电动天窗、电动后视镜、汽车空调和各类控制开关等,这些装置主要是对驾驶员操作起辅助作用,使操作更加方便舒适。汽车空调可根据驾乘人员需求对车内温度进行调节,包括制冷和制热两个方面,能够保持车内驾乘环境的舒适性。有的车辆空调系统还有湿度调节、空气过滤等功能,以提供更加个性化的车内环境控制体验。现代车辆大多数配备通风机空调系统。

　　车内各类辅助电器装置、空调系统等控制开关均位于方向盘附近方便操作的位置,如雨刮器开关如图 5.1.10 所示,空调开关如图 5.1.11 所示。不同车型的电器操作是不一样的,可根据车辆操作手册对照查看。除通过物理按钮和开关进行控制外,现代车辆大多装备有强大的车机系统,可在车机系统上对各类电器附件进行控制操作。

图 5.1.10　雨刮器开关

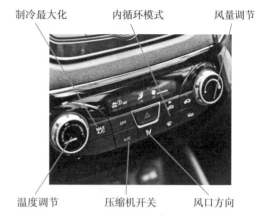

图 5.1.11　空调开关

（7）电子控制装置

现代汽车广泛采用各类电控装置,包括发动机控制系统、各类底盘控制系统和自动变速器控制系统等。随着新能源和智能汽车的发展,车辆控制系统越来越多样和复杂。除传统控制系统外,新能源汽车上还有整车控制系统、电机控制系统和电池管理系统等典型控制系统。随着车辆智能化的发展,各类驾驶辅助系统、自动驾驶系统在车辆上的应用也越来越多。与通常意义上的控制系统一样,车辆控制系统主要由传感器、执行器和控制器几大部分组成,可查阅相关资料并结合实物教具,了解和掌握典型车辆控制系统组成和工作原理。

5.2　交流发电机拆检实验

5.2.1　实验目的

①结合交流发电机构造及原理理论知识与实物拆解,理解并掌握交流发电机的组成、工作原理和装配关系,认知交流发电机及其关键部件。

②了解和掌握交流发电机拆解和装配步骤及注意事项,能够在拆解后对交流发电机关键部件总成状态进行检查。

③掌握交流发电机基本检测方法。

5.2.2　交流发电机结构及工作原理

交流发电机是车辆电气系统供电电源的重要组成部分,其基本结构及组成如图 5.2.1 所示,主要由皮带轮、前端盖、后端盖、定子总成、转子总成、前风扇、后风扇、整流器和端罩等几部分组成。

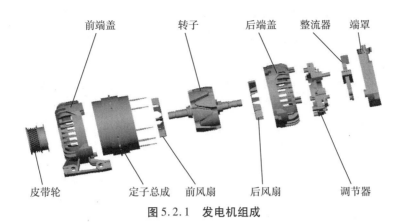

图 5.2.1 发电机组成

（1）交流发电机发电原理

交流发电机利用电磁感应原理发电，它的定子由三相绕组组成，转子为通电线圈或永磁体。发电机转子通过皮带轮与发动机曲轴连接，发动机工作时，曲轴转动，带动发电机转子旋转，产生旋转磁场。转子旋转磁场切割定子线圈，在定子线圈中产生三相感应电流，从而输出三相交流电。

车用交流发电机三相定子绕组按一定规律绕制，三相绕组每两相之间有 120° 的相位差。三相绕组采用星形连接，当转子旋转使定子绕组切割转子磁场时，在三相绕组中感应产生频率相同、幅值相同和相位差 120° 的三相正弦交流电。每相感应电动势有效值可用下式计算：

$$E = 4.44KFN\Phi$$

式中 E——电动势的有效值；

      K——绕组系数；

      F——频率；

      N——每相绕组匝数；

      Φ——每极磁通，Wb。

（2）交流发电机整流原理

由于车辆电气系统采用直流供电，因此交流发电机发出的交流电需转化为直流电才能供汽车电气系统使用。整流电路能将交流电转化为直流电，常用的整流电路利用硅二极管的单向导电特性实现整流。二极管的单向导电性指，给二极管施加正向电压时，二极管处于导通状态，给二极管加反向电压时，二极管则呈现高阻截止状态。

典型的整流电路为三相桥式整流电路，由二极管组成的三相桥式整流电路如图 5.2.2（a）所示，该电路由 6 个二极管组成。图 5.2.2（a）中，VD_1，VD_3 和 VD_5 3 个二极管的正极分别连接发电机三相绕组输出端，它们的负极接在一起，定子绕组发出的三相交流电压如图 5.2.2（b）所示，在某一时刻，VD_1，VD_3 和 VD_5 3 个二极管正极电位最高者导通。VD_2，VD_4，VD_6 3 个二极管的负极分别接在发电机三相绕组输出端，它们的正极连接在一起。在某一时刻，VD_2，VD_4，VD_6 3 个二极管中负极电位最低者导通。最终通过该整流电路的电压波形如图 5.2.2（c）所示，可以看出，整流电路利用二极管的单向导通特性将三相交流电转化为了直流电。经过整流后的直流电还存在一定波动,再经过电压调节器进行稳压、蓄电池电容特性滤除波动后便可作为电源供车上各类电器设备使用。

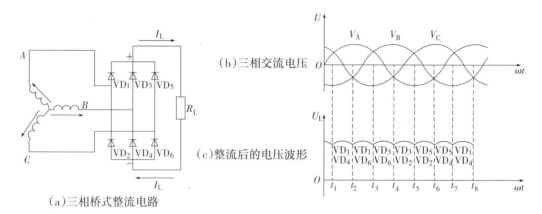

图 5.2.2　三相桥式整流原理

5.2.3　交流发电机拆解实验准备

①准备带整流器的车用交流发电机一台。

②准备一字和十字螺丝刀各 1 个、开口和梅花扳手各 1 套。

③准备油盆、毛刷各一个,适量清洗剂、润滑脂及纱布等。

5.2.4　交流发电机拆检实验操作步骤

交流发电机拆件操作步骤如下:

①查阅资料和书籍,了解和掌握车用交流发电机组成及工作原理,掌握交流发电机主要部件装配关系,明确拆装步骤,制订拆装计划,为实物拆解做好准备。

②观察车用交流发电机铭牌,查阅资料,理解和掌握铭牌上标注的各项参数的含义。

③先将发电机皮带轮拆下。

④用棘轮扳手配合螺丝刀将前后端盖连接螺栓拧松,如图 5.2.3 所示,接着将前后端盖连接螺栓拆下,如图 5.2.4 所示。轻敲前后端盖,使前后端盖分离,将前后端盖取下,前后端盖实物照片如图 5.2.5、图 5.2.6 所示,可以看到,整流器安装在前端盖中。将拆下的零部件和螺栓摆放整齐,以免丢失,方便装配操作。

图 5.2.3　松开前后端盖连接螺栓

图 5.2.4　将前后端盖连接螺栓拆下

图 5.2.5　前端盖

图 5.2.6　后端盖

⑤从端盖上拆下定子绕组和转子,若定子和转子不好拆卸,可用橡胶锤轻轻敲击,待其松动后再取下。拆卸后的定子绕组如图 5.2.7 所示,转子绕组如图 5.2.8 所示。

图 5.2.7　定子绕组

图 5.2.8　转子绕组

⑥整流器总成通过螺栓固定在发电机前端盖上,拧松固定螺丝,将整流器总成从前端盖上拆下。

⑦电刷弹簧压盖由 2 个螺栓固定,拧松螺丝,取下电刷弹簧压盖,进而取下电刷组件。

⑧观察拆卸下的转子、定子、电刷及其他部件是否有损坏,状态是否良好。用棉纱和清洁剂将转子、定子、电刷、端盖、皮带轮和整流器等清洁干净,摆放整齐。

⑨结合发电机结构和原理理论知识与拆解实物,理解和掌握交流发电机组成、原理及各部件装配关系。

⑩向转子轴承中涂抹润滑脂,按与拆解相反的顺序将发电机重新装配好。装配完成后可转动发电机皮带轮,看转子转动是否平顺,是否有摩擦或与周围部件相碰撞,如果有上述情况说明装配有误,应重新检查装配情况。

注意事项:

①分离前后端盖时,要轻敲打。

②按正确步骤进行拆装。

参考文献

［1］史文库,姚为明.汽车构造(上册)［M］.6 版.北京:人民交通出版社,2013.

［2］Wilfried Staudt.汽车机电技术(一)(学习领域 1 ~ 4)［M］.华晨宝马汽车有限公司,译.北京:机械工业出版社,2008.

［3］苗莹,邹玉清,白秀秀.汽车拆装技术与操作［M］.北京:北京理工大学出版社,2016.

［4］詹远武.汽车拆装实训［M］.北京:北京大学出版社,2013.

［5］赵福堂.汽车电器与电子设备［M］.3 版.北京:北京理工大学出版社,2009.

［6］李涵武.汽车电器与电子技术［M］.哈尔滨:哈尔滨工业大学出版社,2003.

［7］李春明.汽车电器与电路［M］.北京:高等教育出版社,2003.

［8］刘春晖,吴云.汽车维修工具与设备使用指南［M］.北京:机械工业出版社,2019.

［9］万先军,黄晓云,薛虎.汽车维修工具的选择与使用［M］.北京:中国发展出版社,2018.

［10］北京德和顺天科技有限公司.新能源汽车构造原理与检测维修［M］.北京:机械工业出版社,2015.

［11］孙丽,曲健.汽车发动机拆装实训［M］.2 版.北京:机械工业出版社,2015.

［12］杨文金,刘建峰.汽车发动机实训指导书［M］.北京:北京理工大学出版社,2017.

［13］李春明.汽车发动机电控燃油喷射技术［M］.北京:国防工业出版社,2009.

［14］王建东.汽车发动机拆装［M］.北京:机械工业出版社,2016.

［15］晏初宏,胡祥梅.汽车发动机拆装与检修实训［M］.北京:机械工业出版社,2016.

［16］阎岩,孙纲.汽车构造实验教程［M］.北京:人民交通出版社,2012.

［17］吴跃江.汽车底盘拆装［M］.北京:机械工业出版社,2016.